Poder a través del pensamiento constructivo

Emmet Fox

traducido por

David Klein

CONTENIDOS

Poder a través del pensamiento constructivo

INTRODUCCIÓN

ESTE libro está diseñado para enseñar los principios de la construcción de la vida a través del pensamiento constructivo. Todos El poder reside en un pensamiento creativo. El pensamiento es la clave de la vida; porque como el hombre piensa en su corazón, así es él. La gente está empezando a entender hoy algo del poder del pensamiento para moldear el el destino del individuo, saben vagamente que los pensamientos son cosas, pero cómo la Gran Ley de El pensamiento es aplicar que no saben. Este libro muestra que tu destino está realmente en tus propias manos, porque es imposible pensar. una cosa y producir otra, y que mediante la selección del pensamiento correcto, un armonioso y feliz La vida se produce. Muestra que el pensamiento débil y voluble produce una vida a la deriva y desperdiciada, y que El pensamiento positivo produce éxito y felicidad. Demuestra que el miedo es la causa última o Tap- Raíz de toda enfermedad, fracaso y desilusión. Y muestra el único método posible de superando el miedo. Lo que realmente piensa acerca de cualquier persona o situación es su "tratamiento" de esa condición, y Si desea cambiar la condición, debe saber cómo "tratarla" de manera diferente mediante un cambio en pensamiento. Pero también es cierto que las convicciones generales fijas de su vida, a diferencia de su actual pensando, hazte lo que eres. Tu conducta mental, tu pensamiento hora por hora, produce Condiciones específicas, y puede ser considerado como el clima de tu alma. Tus convicciones fijas En cuanto a las cosas que realmente importan, rara vez se cambian y pueden llamarse el clima de la Alma, y son estas las que moldean tu destino. ¿Qué crees realmente sobre los grandes problemas de la vida? Que piensas de tu relación con dios ¿Qué clase de Dios adoras? ¿Crees que la oración realmente hace ¿diferencia? ¿Simplemente estás rezando a una edición magnificada de ti mismo? o estas adorando al ¿Dios verdadero en espíritu y en verdad? ¿Qué piensas de la vida después de la muerte? Crees que tu ¿Alguna vez has vivido antes? ¿Estás alimentando un agravio en el fondo de tu corazón porque ¿Crees que naciste en condiciones desfavorables? ¿Por qué un hombre está enfermo y otro hombre está bien? ¿Por qué un hombre vive en un hogar feliz y cómodo? ¿Y otro arrastra una existencia exigua en un barrio pobre? ¿Por qué un hombre es popular y respetado y ¿A otro hombre no le gustó, o al menos lo ignoró? ¿Por qué un hombre produce una gran obra mientras otro vacila por la vida sin hacer nada que valga la pena? ¿Por qué hay tantos sinceramente religiosos? ¿Gente infeliz y frustrada? ¿Por qué muchos estudiantes de la Biblia no pueden resolver uno solo? de sus propios problemas? ¿Por qué es que los hombres y mujeres eruditos y los filósofos son notoriamente ¿No tiene éxito en el negocio de la vida personal, si es realmente cierto que "el conocimiento es poder"? Es necesario que se dé cuenta de que es su actitud considerada ante preguntas como estas lo que En última instancia, determina todo en su vida, desde el estado de su cuerpo hasta el trabajo diario que realiza. Hacer y el tipo de personas que conoces. Este libro está destinado a ayudar a las personas a aclarar su pensamiento sobre estos puntos importantes. Es un tratar de explicar la verdad fundamental del ser en el lenguaje simple de la vida cotidiana.

El autor siempre ha creído que debe ser posible explicar las verdades más profundas de la religión. y la filosofía en el lenguaje más sencillo; y lo ha convertido en una regla tanto en sus escritos como en el Nunca utilice una palabra que no sea de uso común en oficinas, talleres, tranvías, Etcétera. Cierto conocimiento de la metafísica o de la verdad espiritual es absolutamente esencial si quiere comprender. usted mismo y hacerse cargo del control efectivo de su vida, y este libro trata el tema de varios ángulos diferentes La enseñanza en este libro se basa en la Biblia. La Biblia no es como ningún otro libro; es un vórtice espiritual a través del cual el poder espiritual vierte del cielo a la tierra, y la razón por la cual La mayoría de las personas obtienen un beneficio relativamente pequeño de su estudio porque carecen de la clave espiritual. Puede tener poder para hacer que su vida sea saludable, feliz, útil y extraordinariamente exitosa, si estudiará las leyes de la vida e, y las aplicará fielmente. Todos los ensayos en este libro han sido publicados previamente como folletos separados y todavía están obtenible en esa forma. Esta edición recopilada se publica en respuesta a muchas solicitudes de todos sobre el mundo.

Capítulo 1 - EL NIÑO MARAVILLOSO

Por extraño que parezca, existe un poder místico que puede transformar tu vida de modo que completamente, tan radicalmente, tan completamente, que cuando el proceso se complete, sus propios amigos difícilmente te reconocería y, de hecho, apenas serías capaz de reconocerte a ti mismo. Tú se sentaría y se preguntaría: "¿Puedo realmente ser el hombre o la mujer que recuerdo vagamente, que ¿Fuiste a mi nombre hace seis meses o seis años atrás? ¿Era realmente esa persona? Podria eso ¿Posiblemente la persona haya sido yo? "Y la verdad será que si bien en cierto sentido usted es el mismo Persona, pero en otro sentido serás alguien completamente diferente. Este místico pero intensamente real. La fuerza puede recogerlo hoy, ahora , en medio del fracaso, la ruina, la miseria, la desesperación y en el un abrir y cerrar de ojos, como dijo San Pablo, resuelve tus problemas, suaviza tus dificultades, te corta libérese de cualquier enredo, y colóquese de manera clara, segura y feliz en el camino de la libertad y oportunidad. Puede sacarte de la cama de un inválido, hacerte sentir bien y sonar una vez más, y libre para salir a El mundo para dar forma a tu vida como quieras. Puede abrir la puerta de la prisión y liberar al cautivo. Tiene un bálsamo curativo mágico para el corazón magullado o roto. Este Poder místico puede enseñarte todas las cosas que necesitas saber, si solo eres receptivo y educable. Puede inspirarte con nuevos pensamientos e ideas, para que tu trabajo sea verdaderamente original. Puede impartir nuevos y maravillosos tipos de conocimiento tan pronto como realmente desee tal conocimiento: Conocimiento glorioso: cosas extrañas que no se enseñan en las escuelas ni se escriben en libros. Se puede hacer por ti que que es probablemente lo más importante de todo en tu etapa actual: puede encontrar tu verdadero lugar en la vida para ti, y ponte en ella también. Puede encontrar los amigos adecuados para usted, almas gemelas que son Interesado en las mismas ideas y quiere las mismas cosas que haces. Te puede proporcionar un ideal casa. Puede proporcionarle la prosperidad que significa libertad, libertad de ser, de hacer y de ir. como llama tu alma. Este extraordinario Poder, aunque lo he llamado con razón, es sin embargo muy real, no es mero. Abstracción imaginaria, pero en realidad lo más práctico que existe. La existencia de este Poder es bien conocido por miles de personas en el mundo de hoy, y ha sido conocido por ciertos Almas iluminadas por decenas de miles de años. Este Poder no es menos que el Poder primordial. del ser, y descubrir que el poder es el derecho de nacimiento divino de todos. Es tu derecho y tu privilegio para hacer su contacto con este Poder, y permitir que funcione a través de su cuerpo, mente, y el estado, de modo que ya no necesite arrastrarse por el suelo en medio de limitaciones y dificultades, sino puede elevarse en alas como un águila hacia el reino del dominio y la alegría. Pero ¿dónde, naturalmente, se preguntará, es este maravilloso y místico Poder para ser contactado? Donde puede lo encontramos? ¿Y cómo se pone en acción? La respuesta es perfectamente simple: este poder es ser encontrado dentro de tu propia conciencia, el último lugar donde la mayoría de la gente lo buscaría. Derecha Dentro de su propia mentalidad, hay una fuente de energía más fuerte que la electricidad, más potente que altamente explosivo; Ilimitado e inagotable. Solo necesitas hacer contacto consciente con esto. Poder para ponerlo a trabajar en tus asuntos; y todos los maravillosos resultados enumerados pueden ser tuyos. Esta es el significado real de dichos dichos en la Biblia como "El Reino de Dios está dentro de ti"; y "buscar Primero vosotros el Reino de Dios, y todos los demás serán añadidos ". Este poder residente, la luz interior o idea espiritual, se menciona en la Biblia como un niño, y a lo largo de las Escrituras, el niño simbólicamente siempre representa esto. El simbolismo de la Biblia tiene su Posee una hermosa lógica, y así como el alma siempre se habla de mujer, así, esta, la Idea Espiritual. que nace del alma, se describe como un niño. El descubrimiento consciente por tu parte de que tienes esto. El poder dentro de ti, y tu determinación de usarlo, es el nacimiento del niño. Y es fácil, para ver qué tan apropiado es el símbolo, porque el niño que nace en la conciencia es tan débil, entidad débil como cualquier niño recién nacido, y requiere la misma atención y cuidado que cualquier otro El infante lo hace en sus primeros días. Después de un tiempo, sin embargo, a medida que pasan las semanas, el niño se fortalece. Y más grande, hasta que llega un momento en que bien puede cuidarse solo; y luego crece y crece en Sabiduría y estatura hasta que, ya no apoyado en el cuidado de la madre, el niño, ahora llegó al hombre. Estate, convierte las mesas y paga su deuda al hacerse cargo del cuidado de su madre. Así que tu habilidad para Póngase en contacto con el Poder místico dentro de usted, frágil y débil al principio, gradualmente se desarrollará hasta que usted encuéntrate permitiendo que ese Poder tome toda tu vida bajo su cuidado. La historia de vida de Jesús, la figura central de la Biblia, dramatiza perfectamente esta verdad. Él es descrito como nacido de una virgen, y en un establo pobre, y sabemos cómo creció para ser el Salvador del mundo. Ahora, en el simbolismo de la Biblia, el alma virgen significa el alma que mira a Dios. solo, y es esta condición del alma en la que nace el niño, o Idea espiritual, que nace. Es cuando hemos llegado a esa etapa, la etapa donde, ya sea por sabiduría o por sufrimiento, somos Preparado para poner a Dios realmente primero, que la cosa pase. El Niño Jesús nació en un establo, aunque todo el mundo había anticipado que cuando Él llegara estaría en un palacio; y apreciamos profundamente el significado de este punto tan pronto como el Santo El niño nace en nuestra propia alma, porque con la conciencia natural de nuestra propia indignidad Sentimos demasiado agudamente que, una vez más, Él de hecho nace en un establo. Aquí tenemos el inspiración inspirada de que este hecho no evitará que Él crezca para ser el salvador de nuestra propia mundo individual La Biblia directa e indirectamente tiene mucho que decir sobre el tema del nacimiento y el crecimiento de El niño, y lo que puede significar para nosotros. Uno de los pronunciamientos más significativos sobre este tema. se encuentra en el Libro de Isaías, Capítulo 9, versículos 2, 6 y 7, y nos pagará ampliamente para que lo consideremos esa afirmación en algún detalle .. Isaías dice: "Las personas que caminaron en la oscuridad han visto una gran luz: los que moran en la tierra. de la sombra de la muerte, sobre ellos ha brillado la luz. "Esta es una descripción maravillosa de lo que Sucede cuando la Idea Espiritual, el niño, nace en el alma. Caminando en la oscuridad, moral o Físico, morando en la tierra de la sombra de la muerte: la muerte de la alegría, la esperanza, o incluso la autoestima. respeto:

describe bien la condición de muchas personas antes de que esta luz brille en sus cansados, vidas desconsoladas; y el Profeta se levanta en un himno de alegría exultante mientras contempla el liberación forjada por el Poder místico: "Porque a nosotros nace un niño, a nosotros se le da un hijo, y el gobierno estará sobre su hombro, y su nombre se llamará Maravilloso, Consejero, El Dios poderoso, el Padre eterno, el Príncipe de la paz ". Esta descripción comienza dando la esencia de todo el asunto, simple y concisamente, que la El gobierno debe estar sobre su hombro. Esto realmente cubre todo el negocio. Correctamente entendida, esta declaración cuenta toda la historia sin necesidad de ningún comentario adicional. Esto significa que una vez que has contactado con el Poder místico interno, y has permitido que se haga cargo de tu responsabilidades para usted, dirigirá y gobernará todos sus asuntos, desde el más grande hasta el más pequeño.

Sin esfuerzo, sin errores, y sin problemas para ti. El gobierno estará sobre su hombro. Estás cansado, motivado, preocupado, débil, enfermo y deprimido, porque has estado tratando de llevar el gobierno sobre tu propio hombro; la carga es demasiado para ti, y te has roto debajo de él. Ahora, inmediatamente entregan su autogobierno, que es, la carga de ganarse la vida, o de curar su cuerpo, o borrar sus errores, para el Niño, Él, el Incansable, el Todopoderoso, el Sabio, el Recurso, lo asume con alegría; y Tus dificultades han visto el principio del fin. El Profeta luego continúa hablando del "Nombre" del niño, y si sabemos algo de la Biblia. simbolismo, sabemos que ahora vamos a aprender algo fundamental, porque en la Biblia, el nombre de cualquier cosa, significa el carácter o la naturaleza de esa cosa, y así nos damos cuenta de que un nombre no es simplemente una etiqueta arbitraria, pero en realidad un jeroglífico del alma. Nos dan no menos de cinco Nombres o cualidades del niño. Examinémoslos y veamos lo que nos dicen. En primer lugar, Isaías. dice que el nombre del niño es Maravilloso, y este de hecho es el primero y la calidad sobresaliente; Este niño es un Niño Maravilla. La palabra "maravilloso" que se usa aquí requiere ser cuidadosamente analizada. Tal como se emplea en la Biblia, implica simplemente y claramente un milagro: un milagro, solo eso, y nada. menos, porque tienes que darte cuenta de que la Biblia enseña el milagro desde la primera página hasta la última. La Biblia dice repetidamente que los milagros pueden suceder, y que sí ocurren; y da detallada y relatos circunstanciales de muchos casos específicos. Y dice, muchas veces, que los milagros siempre. sucederá si usted cree que son posibles, y está dispuesto a reconocer el Poder de Dios, y para invocarlo. Se han realizado muchos esfuerzos durante las últimas dos generaciones para divorciar la enseñanza bíblica de La creencia en los milagros. Se han hecho intentos para demostrar que de alguna manera inexplicable la Biblia puede ser verdadero y útil, y sin embargo equivocado en su enseñanza del milagro; en otras palabras, que puede en De alguna manera misteriosa puede ser un conglomerado edificante de verdad y mentiras. De hecho, una famosa Biblia. el crítico dijo sarcásticamente: "Los milagros no suceden", despidiendo todo el asunto con una ola de él. mano. La respuesta obvia a esto es que si fuera cierto que los milagros no ocurren, la Biblia Sería una mera mezcla sin sentido de fábulas sin sentido. Pero sí suceden, e incluso como Galileo. Terminó la otra controversia diciendo, "sin embargo, gira", por lo que cuando toda la controversia Acabados, podemos decir de milagros "sin embargo, suceden". Bueno, ahora, solo recuerda la primera cualidad que Isaías le da al niño. Es un niño maravilla ; es decir decir, es un niño milagroso; Es un obrador de milagros. Esto significa que tan pronto como la Maravilla El niño nace en tu conciencia, el milagro llegará a tu vida, un verdadero milagro, recuerda. Esto no significa simplemente que te resignarás a tu presente circunstancias, o simplemente que se le permitirá enfrentar las mismas dificultades con una mayor El coraje o un cerebro más claro. Significa el milagro . Significa que el Niño Maravilla, no en ningún sentido figurado o metafórico, pero clara y literalmente, en el sentido más claro de la realidad Término, hará milagros en tu vida. Hará estas cosas absolutamente, independientemente de lo que su Las condiciones actuales son. De ninguna manera está limitado o restringido por sus circunstancias actuales. El punto es que el Niño Maravilla puede sacarte de esas circunstancias y ponerte Abajo en diferentes circunstancias. El Niño Maravilla es el Niño Milagroso. Ahora tomemos el segundo punto que el Profeta nos da con respecto a este Niño Maravilla. Él llama "Consejero" y un consejero, usted sabe, es uno que da consejos o guía; y así lo ves que una vez que el Niño ha nacido, nunca más debe faltar una de estas cosas. El niño lo hará Sé tu infalible consejero. Si está preocupado porque no sabe si tomar o no Un paso importante, aceptar o rechazar una oferta comercial, firmar o no firmar una importante. documento, para iniciar o disolver una sociedad, para renunciar a su cargo o no, para ir al extranjero o quedarse en casa, confiar en alguien o no confiar en él, decir algo o dejarlo sin decir, el Wonder Child será tu consejero, y Wonder Child nunca se equivoca. Es en el tercer punto que el Profeta nos revela quién es realmente el Niño Maravilla. No es menos que Dios mismo, "El Dios poderoso", como nos recuerda Isaías, y verdaderamente el Poder místico que transforma, transmuta y transfigura, es Dios mismo , siempre presente con ustedes y siempre Disponible, una vez que haya comprendido y aceptado la Idea Espiritual. Y es porque Él es Dios. Que el trabajo del niño es independiente de todas las condiciones. El cuarto nombre que el Profeta atribuye al Niño es el de Padre Eterno. Este punto Establece nuestra relación con Dios en términos inequívocos. Como Jesús tan claramente señaló, Dios es nuestro Padre, no simplemente nuestro Creador, y nosotros, como hijos de un buen Padre, podemos esperar encontrar Nos proveemos de todo lo que necesitamos para cuerpo o alma. Pero como tenemos que establecer para nosotros mismos, nuestra propia conciencia de este hecho, y como nuestra demostración es solo la medida de nuestra comprensión de ello, nuestro concepto del hecho divino es el fruto de nuestra propia alma, y puede Místicamente ser llamado nuestro hijo. Finalmente, en el quinto punto, recibimos lo que quizás sea el nombre más grande de todos. Aqui el niño esta Llamado "El Príncipe de la Paz". Solo intenta comprender un poco lo que este título debe significar para ti en práctica, nada menos que el Niño Maravilla, la Idea

Espiritual, nacida de tu propia alma, es la Príncipe de la Paz.
Ahora piensa qué paz perfecta de alma, si pudieras
alcanzarla, realmente significaría para ti. Si tu alma
estuviera verdaderamente en paz, ¿qué podría salir mal en
tu vida? Si solo tuvieras real paz del alma, ¿supones que tu
cuerpo podría estar enfermo? Dada la verdadera paz del
alma, que fácil. Sería encontrar tu verdadero lugar en el
mundo, lo que significaría prosperidad y felicidad. Con qué
facilidad, con qué rapidez y eficacia podría realizar su
trabajo, trabajo como el que tiene Nunca lo he hecho
todavía, y en menos de la mitad del tiempo habitual. Por
supuesto, todos saben que esto es lo que seguiría al logro
de la paz del alma, pero Todavía hay mucho más en eso que
eso. Lo que quizás no sepas es que una vez que has
alcanzado la verdad. paz del alma, has hecho posible que el
Poder Místico, el Niño Maravilla, te enseñe cosas nuevas,
completamente más allá del alcance de su comprensión
actual, lo que le permite hacer cosas en El mundo, si lo
desea, que nadie hubiera considerado posible que usted
pudiera hacer. Bueno, está en la naturaleza misma del Niño
Maravilla darte esa paz del alma, y es Debido a esta función
que se llama "El Príncipe de la Paz". Isaías continúa
diciéndonos que esto no es una demostración limitada,
pero que una vez que comienza, continúa y a medida que
nos elevamos más y más en conciencia, aumentando y
expandiéndonos más y más a El día perfecto. "Del aumento
de su gobierno y de la paz no habrá fin, sobre la base de
trono de David, y sobre su reino, para ordenarlo, y
establecerlo con juicio y con de aquí en adelante, incluso
para siempre ". El trono de David es, por supuesto,

Jerusalén, que es Uru- Salem, la ciudad de la paz, esta misma paz que hemos estado discutiendo; y Jerusalén simbólicamente Es la conciencia despierta. Ciertamente no habrá fin al aumento de ese gobierno, y en vista de la posibilidad de que las almas más débiles, las temerosas, las incrédulas y las deprimido, debería ser imposible creer que esas buenas nuevas podrían ser ciertas. El profeta resuelve el asunto con la afirmación definitiva: "El celo del Señor de los Ejércitos se realizará esto ". Esto debería eliminar todo sentido de responsabilidad personal por la demostración, el bugbear de tantos buscadores ¿No hemos visto que la esencia de todo el asunto es precisamente este punto, que la El gobierno estará sobre su hombro.

Capítulo 2 - LA ORACIÓN DEL SEÑOR

Padre nuestro, que estás en los cielos, santificado sea tu nombre. Venga tu reino. Se harán, en la tierra como si estuviera en el cielo. Danos hoy nuestro pan de cada día. Y perdona nuestras ofensas, como nosotros. Perdona a los que traspasan su. Y no nos dejes caer en la tentación; mas líbranos del mal, porque Delgado es el reino, el poder y la gloria, por los siglos de los siglos. Amén. Él ora bien quien ama bien. Tanto hombre como ave y bestia; Él reza mejor a quien ama mejor Todas las cosas, tanto grandes como pequeñas: Por el querido Dios que nos ama, Él hizo y ama a todos. —Coleridge La oración del Señor es el más importante de todos los documentos cristianos. Fue cuidadosamente construido por Jesús con ciertos fines muy claros a la vista. Por eso, de todas sus enseñanzas, es con mucho la mejor. Conocidos y los más citados. Es, de hecho, el único denominador común de todos los cristianos. iglesias Cada uno de ellos, sin excepción, usa la Oración del Señor; es quizás el único terreno en el que todos se encuentran. A cada niño cristiano se le enseña la oración del Señor, y cualquier Cristiano que reza lo dice casi todos los días. Su uso real probablemente supera al de todos los demás. oraciones juntas Sin duda, todos los que buscan seguir el Camino que Jesús guió, debe hacer un punto de usar la Oración del Señor, y usarla inteligentemente, todos los días. Para hacer esto, debemos entender que la Oración es un todo orgánico cuidadosamente construido. Muchas personas lo recitan como loros, olvidando la advertencia de que Jesús nos dio contra los vanos. repeticiones, y, por supuesto, nadie obtiene ningún beneficio de ese tipo de cosas. La Gran Oración es una fórmula compacta para el desarrollo del alma. Está diseñado con el el mayor cuidado para ese propósito específico; para que aquellos que lo usan regularmente, con entendimiento, Experimenta un verdadero cambio de alma. El único progreso es este cambio, que es lo que la Biblia llama nacer de nuevo. Es el cambio de alma lo que importa. La mera adquisición de nuevos conocimientos. recibido intelectualmente no hace ningún cambio en el alma. La oración del Señor está especialmente diseñada para trae este cambio, y cuando se usa regularmente lo hace invariablemente. Los; Cuanto más se analiza la Oración del Señor, más maravillosa es su construcción vista. Eso satisface las necesidades de todos a su propio nivel. No solo proporciona un rápido desarrollo espiritual para aquellos que están lo suficientemente avanzados para estar listos, pero en su significado superficial proporciona más personas de mentalidad simple e incluso las más materialistas con lo que necesitan en el Momento, si usan la oración sinceramente. La oración más grande de todas fue diseñada con Otro propósito a la vista, tan importante como cualquiera de los otros. Jesús previó que, como el Pasaron los siglos, su enseñanza simple y primitiva se iría superando gradualmente por todo tipo de Cosas externas que realmente no tienen nada que ver con eso. Él previó que las personas que tenían Nunca lo conocí, confiando, con toda sinceridad, sin duda, en sus propios intelectos limitados, construiría Teologías y sistemas doctrinales, ocultando la simplicidad directa del mensaje espiritual, y En realidad erigiendo un muro entre Dios y el hombre. Él diseñó su oración de tal manera que sería Pasar de forma segura a través de esas edades sin ser manipulado. Lo dispuso con una habilidad consumada, de modo que no se pueda torcer o distorsionar, ni adaptar a ningún sistema hecho por el hombre; de modo que, de hecho, llevaría todo el Mensaje de Cristo dentro de él, y sin embargo no tendría nada en la superficie para atraer La atención de los inquietos, gestionando el tipo de persona. Así ha resultado que a través de todos los cambios y posibilidades de la historia cristiana, esta oración nos ha llegado sin ser corrompida y virgen Lo primero que notamos es que la oración cae naturalmente en siete cláusulas. Esto es muy Característica de la tradición oriental. Siete simboliza la integridad individual, la perfección de El alma individual, así como el número doce en la misma convención significa corporativo. lo completo. En el uso práctico, a menudo encontramos una octava cláusula agregada: "Tuyo es el reino, el poder, y la gloria ", pero esto, aunque en sí mismo es una excelente afirmación, no es realmente una parte de la Oración. Las siete cláusulas se juntan con el mayor cuidado, en perfecto orden y secuencia, y Contienen todo lo necesario para el alimento del alma. Consideremos la primera cláusula: Nuestro Padre Esta simple afirmación en sí misma constituye un sistema de teología definido y completo. Se arregla Claramente y claramente la naturaleza y el carácter de Dios. Resume la verdad del ser. Dice todo eso el hombre necesita saber acerca de Dios, sobre sí mismo y sobre su prójimo. Cualquier cosa que se agregue a esto solo puede ser por medio de comentarios, y es más probable que no complique y oscurezca El verdadero significado del texto. Oliver Wendell Holmes dijo: "Mi religión se resume en la primera dos palabras de la Oración del Señor, "y la mayoría de nosotros nos encontraremos en total acuerdo con él. Observe la declaración simple, clara y definida: "Padre nuestro". En esta cláusula Jesús establece una vez. y para todos que la relación entre Dios y el hombre es la de padre e hijo. Esto corta cualquier posibilidad de que la Deidad sea el tirano implacable y cruel que a menudo se describe en la teología. Jesús dice definitivamente que la relación es de padre e hijo; No se trata de un déspota oriental. con esclavos que se arrastran, pero padre e hijo. Ahora todos sabemos perfectamente que hombres y mujeres, por más cortos que puedan caer en otros aspectos, casi siempre hacen lo mejor que pueden por sus hijos. Desafortunadamente, los padres crueles y malvados se encuentran, pero son tan excepcionales como para hacer una Párrafo para los periódicos. La gran mayoría de hombres y mujeres están en su mejor momento para tratar con sus hijos. Hablando de la misma verdad en otra parte, Jesús dijo: "Si ustedes, que están tan llenos de mal, sin embargo, haz lo mejor que puedas por tus hijos, ¿cuánto será Dios, que es totalmente bueno, hazlo por ti ", y así comienza su oración estableciendo el carácter de Dios como el del perfecto Padre tratando con sus hijos. Tenga en cuenta que esta cláusula que corrige la naturaleza de Dios, al mismo tiempo fija la naturaleza del hombre, porque si el hombre es la descendencia de Dios, debe participar de la naturaleza de Dios, ya que la naturaleza de Dios la descendencia es invariablemente similar a la del padre. Es una ley cósmica que al igual que engendra. Es no es posible que un rosal produzca lirios, o que una vaca dé a luz a un potro. los la descendencia es y debe ser de la misma naturaleza que el padre; Y así, ya que Dios es Espíritu Divino, el hombre. esencialmente debe ser también Espíritu Divino, cualquier aspecto que diga lo contrario. Detengámonos aquí por un momento y tratemos de darnos cuenta del tremendo avance que hemos dado. Apreciando la enseñanza de Jesús sobre este punto. ¿No ves que de un solo golpe lo barrió? El noventa y nueve por ciento de toda la antigua teología, con su Dios vengador, su elegido y favorecido, individuos, su fuego del infierno eterno, y todas las otras horribles parafernalia del hombre enfermo y Imaginación aterrorizada: Dios existe, y el Dios Eterno, Todopoderoso y Presente es el amor Padre de la humanidad. Si usted meditara sobre este hecho, hasta que tuviera un cierto grado de comprensión de lo que realmente significa que la mayoría de sus dificultades y enfermedades físicas desaparecerían, ya que están arraigadas y Cimentado en el miedo. La causa subyacente de todos los problemas es el miedo. Si solo pudieras darte cuenta a algunos En la medida en que la Sabiduría Omnipotente sea tu Padre vivo y amoroso, la mayoría de tus miedos desaparecerán. Si tu podría darse cuenta completamente, cada cosa negativa en su vida se desvanecería, y usted lo haría Demostrar la perfección en cada fase. Ahora ves el objeto que Jesús tenía en mente cuando él Coloca esta cláusula primero. Luego vemos que la Oración dice, no "Mi Padre", sino "Padre Nuestro", y esto indica, más allá del Posibilidad de error, la verdad de la hermandad del hombre. Nos obliga a llamar nuestra atención comenzando el hecho de que todos los hombres son de hecho hermanos, los hijos de un Padre; y que "hay ni judío ni griego, no hay esclavo ni libre, no hay elegido ni no elegido " porque todos los hombres son hermanos. Aquí Jesús al hacer su segundo punto, termina todo lo aburrido. sin sentido sobre una "raza elegida", sobre la superioridad espiritual de cualquier grupo de seres humanos sobre cualquier otro grupo. Él corta la ilusión de que los miembros de cualquier nación, o raza, o Territorio, o grupo, o clase, o color, son, ante la vista de Dios, superiores a cualquier otro grupo. Una creencia en la superioridad del propio grupo particular, o "rebaño", como lo llaman los psicólogos, es una ilusión a lo que la humanidad es muy propensa, pero en la enseñanza de Jesús no tiene lugar. Él enseña que el Lo que coloca a un hombre es la condición espiritual de su propia alma individual, y siempre que él Está en el camino espiritual, no importa el grupo al que pertenezca o no. pertenecer a. El punto final es el mandato implícito de que debemos orar no solo por nosotros mismos sino por todos. humanidad. Todo estudiante de la Verdad debe sostener el pensamiento de la Verdad del Ser para el conjunto. raza humana por lo menos un momento cada día, ya que ninguno de nosotros vive para sí mismo ni muere para sí mismo; de hecho, todos somos verdaderamente, y en un sentido mucho más literal del que la gente sabe, miembros de uno Cuerpo. Ahora comenzamos a ver cuánto más de lo que aparece en la superficie está contenido en esos simples palabras "Padre nuestro". Sencillo, casi se podría decir que es inocente, como se ven, Jesús ha ocultado dentro de ellos, un explosivo espiritual que finalmente destruirá todo sistema creado por el hombre que contenga el La raza humana en cautiverio. Que arte en el cielo Habiendo establecido claramente la Paternidad de Dios y la fraternidad del hombre, Jesús continúa a continuación. ampliar la naturaleza de Dios y describir los hechos fundamentales de la existencia. Teniendo demostrado que Dios y el hombre son padres e hijos, él continúa delineando la función de cada uno en el gran esquema de las cosas. Él explica que es la naturaleza de Dios estar en el cielo, y del hombre ser en la tierra, porque Dios es Causa, y el hombre es manifestación. La causa no puede ser expresión, y La expresión no puede ser causa, y debemos tener cuidado de no confundir las dos cosas. Aquí el cielo representa Dios o Causa, porque en fraseología religiosa el cielo es el término para la Presencia de Dios. En metafísica se llama Absoluto, porque es el reino del Ser Incondicional Puro, De las ideas arquetípicas. La palabra "tierra" significa manifestación, y la función del hombre es manifestar o expresar Dios, o Causa. En otras palabras, Dios es la Causa Infinita y Perfecta de todas las cosas; pero La causa tiene que ser expresada, y Dios se expresa a sí mismo por medio del hombre. El destino del hombre es Expresar a Dios en todo tipo de formas gloriosas y maravillosas. Parte de esta expresión la vemos como nuestra alrededores; Primero nuestro cuerpo físico, que en realidad es solo la parte más íntima de nuestro encarnación; entonces nuestra casa; nuestro trabajo; nuestra recreación En definitiva, toda nuestra expresión. Para expresar significa presionar hacia afuera, o traer a la vista lo que ya existe implícitamente. Cada característica de tu vida es realmente una manifestación o expresión de algo en tu alma. Algunos de estos puntos pueden parecer al principio un poco abstractos; Pero como se trata de malentendidos. acerca de la relación de Dios y el hombre que conduce a todas nuestras dificultades, vale cualquier cantidad de problemas correctamente para entender esa relación. Tratando de tener manifestación sin Causa, es El ateísmo y el materialismo, y sabemos a dónde llevan. Tratando de tener Causa sin La manifestación lleva al hombre a suponerse a sí mismo como un Dios personal, y esto comúnmente termina en La megalomanía y una especie de parálisis de la expresión. Lo importante es darse cuenta de que Dios está en el cielo y el hombre en la tierra, y que cada uno tiene su propia Papel en el esquema de las cosas. Aunque son Uno, no son uno y lo mismo. Jesús establece este punto con cuidado cuando dice: "Padre nuestro que estás en el cielo" Santificado sea tu nombre En la Biblia, como en cualquier otra parte, el "nombre" de cualquier cosa significa la naturaleza esencial o el carácter de ese cosa, y así, cuando se nos dice cuál es el nombre de Dios, se nos dice cuál es su naturaleza y su naturaleza. Nombre o naturaleza, dice Jesús, es "santificado". Ahora, ¿qué significa la palabra "santificado"? Bueno, si tu rastrear la derivación de vuelta al inglés antiguo, descubrirá una de las maneras más extraordinariamente interesantes y hecho significativo La palabra "santificado" tiene el mismo significado que "santo", "entero", "sano" y "sanar" o "sanado"; así vemos que la naturaleza de Dios no es meramente digna de nuestra veneración, sino que es Completa y perfecta, completamente buena. Algunas consecuencias muy notables se derivan de esto. Nosotros han acordado que un efecto debe ser similar en su naturaleza a su causa, y así, debido a que la naturaleza de Dios es santificado, todo lo que sigue de esa Causa debe ser santificado o perfecto también. Como un El rosal no puede producir lirios, por lo que Dios no puede causar o enviar nada que no sea el bien perfecto. Como el La Biblia dice, "la misma fuente no puede enviar agua dulce y amarga". De esto se sigue que Dios no puede, como la gente a veces piensa, enviar enfermedades, problemas o accidentes, mucho menos la muerte, porque estas cosas son diferentes a su naturaleza. "Santificado sea tu nombre" significa "Tu naturaleza es completamente bueno, y Tú eres el autor solo del bien perfecto. " De ojos más puros que para contemplar el mal, y no se puede ver la iniquidad. Si crees que Dios te ha enviado alguna de tus dificultades, sin importar cuán buena sea la razón, están dando poder a sus problemas, y esto hace que sea muy difícil deshacerse de ellos. Venga tu reino. Hágase tu voluntad, en la tierra como en el cielo. El hombre, al ser hombre, la manifestación o la expresión de Dios tiene un destino ilimitado ante él. Su trabajo esexpresar, en forma concreta, definida, las ideas abstractas con las que Dios le proporciona, y con el fin de hacer esto, debe tener poder creativo. Si él no tuviera poder creativo, sería simplemente un Máquina a través de la cual Dios obró: un autómata. Pero el hombre no es un autómata; el es un conciencia individualizada. Dios se individualiza en un número infinito de focales distintos Puntos de conciencia, cada uno bastante diferente; y por lo tanto cada una es una forma distinta de conociendo el universo, cada uno una experiencia distinta. Observe cuidadosamente que la palabra "individuo" significa indivisa . La conciencia de cada uno es distinta de Dios y de todos los demás, y sin embargo ningunaestán separados. ¿Cómo puede ser esto? ¿Cómo pueden dos cosas ser una y, sin embargo, no una y la misma? los La respuesta es que en la materia, que es finita, no pueden; pero en el Espíritu, que es infinito, pueden. Con nuestra presente conciencia tridimensional limitada, no podemos ver esto; pero intuitivamente podemos Entiéndelo a través de la oración. Si Dios no se individualizara, solo habría uno experiencia; tal como es, hay tantos universos como individuos para formarlos a través de pensando. "Venga tu reino" significa que es nuestro deber estar siempre ocupados en ayudar a establecer el Reino de Dios en la tierra. Es decir, nuestro trabajo es traer más y más ideas de Dios a Manifestación concreta sobre este plano. Para eso es que estamos aqui. El viejo dicho, "Dios tiene un plan para cada hombre, y él tiene uno para ti, "es muy correcto. Dios tiene planes gloriosos y maravillosos por cada uno de nosotros; ha planeado una carrera espléndida, llena de interés, vida y alegría, para cada uno, y si nuestras vidas son aburridas, o restringidas, o sórdidas, eso no es culpa suya, sino nuestra. Si solo descubres lo que Dios pretende que hagas, y lo hagas, encontrarás que todas las puertas se abrirá a usted; todos los obstáculos en tu camino se derretirán; serás aclamado un brillante éxito; Serás recompensado de la manera más liberal desde el punto de vista monetario; y tu seras gloriosamente feliz Hay un lugar verdadero en la vida para cada uno de nosotros, en cuyo logro estaremos completamente Feliz y perfectamente seguro. Por otro lado, hasta que encontremos nuestro verdadero lugar, nunca seremos Ya sea feliz o seguro, sin importar las otras cosas que podamos tener. Nuestro verdadero lugar es el único lugar. donde podemos manifestar el Reino de Dios, y decir verdaderamente: "Tu reino viene". Hemos visto que el hombre con demasiada frecuencia elige usar su libre albedrío de manera negativa. Se permite pensar equivocadamente, egoístamente, y este pensamiento erróneo trae consigo todas sus dificultades. En lugar de entendiendo que su naturaleza esencial es expresar a Dios, estar siempre sobre los asuntos de su Padre, él trata de establecerse por su propia cuenta. Todos nuestros problemas surgen de esta locura. Abusamos de nuestro libre albedrío, tratando de trabajar aparte de Dios; y el resultado muy natural es toda la enfermedad, la pobreza, el pecado, El problema, y la muerte que encontramos en el plano físico. Nunca debemos tratar de vivir por un momento nosotros mismos, o hacemos planes o arreglos sin hacer referencia a Dios, o supongamos que podemos ser feliz o exitoso si estamos buscando cualquier otro fin que no sea hacer Su Voluntad. Cualquiera que sea nuestro deseo puede ser, ya sea algo relacionado con nuestro trabajo diario, o nuestro deber en el hogar, nuestras relaciones con nuestro prójimo, o planes privados para el empleo de nuestro propio tiempo, si buscamos servirnos a nosotros mismos. En lugar de Dios, estamos ordenando problemas, desilusiones e infelicidades, a pesar de lo que La evidencia de lo contrario puede parecer ser. Considerando que, si elegimos qué, a través de la oración, Sabemos que es Su Voluntad, entonces estamos asegurándonos el éxito, la libertad y la alegría supremos. por mucho auto sacrificio y autodisciplina que pueda implicar en este momento. Nuestro negocio es llevar a toda nuestra naturaleza tan rápido como podamos a la conformidad con la Voluntad de Dios, por la oración constante e incesante, aunque no ansiosa, observando. "Nuestras voluntades son nuestras para hacerlas. Tus." "En Su Voluntad está nuestra paz", dijo Dante, y la Divina Comedia es realmente un estudio fundamental. estados de conciencia, el Infierno que representa el estado del alma que se esfuerza por vivir Sin Dios, el Paraíso representa el estado del alma que ha logrado su unidad consciente con la Divina Voluntad, y el Purgatorio, la condición del alma que lucha por pasar de la un estado al otro. Fue este conflicto sublime del alma que surgió del corazón de la el gran grito de Agustín: "Nos hiciste para ti mismo, y nuestros corazones están inquietos hasta que reposo en ti ". Danos hoy nuestro pan de cada día

Debido a que somos hijos de un Padre amoroso, tenemos derecho a esperar que Dios nos brinde totalmente con todo lo que necesitamos. Los niños miran natural y espontáneamente a sus padres humanos para suplir todos sus deseos, y de la misma manera debemos mirar a Dios para suplir la nuestra. Si lo hacemos, en Fe y entendimiento, nunca nos veremos en vano. Es la Voluntad de Dios que todos debemos llevar vidas saludables y felices, llenas de experiencias felices; que nosotros deben desarrollarse libremente y de manera constante, día a día y semana a semana, a medida que nuestros caminos se desarrollan más Y más hasta el día perfecto. Para este fin requerimos cosas tales como comida, ropa, refugio, medios de viajes, libros, etc. Por encima de todo, necesitamos libertad ; y en la oración todas estas cosas son.Incluido en el epígrafe de pan. Es decir, pan significa no solo comida en general, sino todo Cosas que el hombre requiere para una vida sana, feliz, libre y armoniosa. Pero para obtener estas cosas, tenemos que reclamarlas, no necesariamente en detalle, pero tenemos que reclamarlas, y, nosotros Tenemos que reconocer a Dios y solo a Dios como la Fuente y la fuente de todo nuestro bien. Falta de alguna El tipo siempre es atribuible al hecho de que hemos estado buscando nuestro suministro de algún secundario Fuente, en lugar de Dios mismo, el autor y dador de la vida. La gente piensa que su suministro proviene de ciertas inversiones, de un negocio o de una empleador, tal vez mientras que estos son simplemente los canales a través de los cuales viene, Dios es el Fuente. El número de canales posibles es infinito, la Fuente es Uno. El canal particular a través del cual está obteniendo su suministro es muy probable que cambie, porque el cambio es el Cósmico Ley para la manifestación. El estancamiento es realmente la muerte; pero siempre que te des cuenta de que la Fuente de tuEl suministro es el único Espíritu inmutable, todo está bien. El desvanecimiento de un canal será solo el Señal para la apertura de otro. Si, por otro lado, como la mayoría de las personas, considera lo particular canal como fuente, luego cuando ese canal falla, como es muy probable que lo haga, queda varados, porque cree que la fuente se ha secado, y por motivos prácticos, en elPlano físico, las cosas son como creemos que son. Un hombre, por ejemplo, piensa en su empleo como la fuente de sus ingresos, y por alguna razón lo pierde Su empleador cierra el negocio, o reduce el personal, o tienen una caída. Ahora, porque cree que su posición es la fuente de sus ingresos, la pérdida de la posición naturalmente significa la pérdida de los ingresos, por lo que tiene que empezar a buscar otro trabajo, y tal vez tenga Para mirar mucho tiempo, mientras tanto se encuentra a sí mismo sin suministro aparente. Si tal hombre hubiera se dio cuenta, a través del tratamiento diario regular, que Dios era su provisión, y su trabajo solo lo particular canal a través del cual llegó, luego del cierre de ese canal, habría encontrado otra, y probablemente una mejor, abriéndose de inmediato. Si su creencia hubiera sido en Dios como su suministro, entonces ya que Dios no puede cambiar o fallar, o desaparecer, su suministro habría venido de en algún lugar , y habría formado su propio canal de la manera más fácil.Precisamente de la misma manera que el propietario de una empresa puede verse obligado a cerrar por alguna causa fuera de su control; o uno cuyo ingreso depende de acciones o bonos puede De repente, la fuente se secó debido a acontecimientos inesperados en el mercado de valores o a Una catástrofe para una fábrica o una mina. Si él considera el negocio o la inversión como su fuente. de la oferta, creerá que su fuente se ha derrumbado, y en consecuencia quedará varado; mientras que, si confía en Dios, será comparativamente indiferente al canal y por eso El canal será fácilmente suplantado por uno nuevo. En resumen, tenemos que entrenarnos para mirar a Dios, Porque, para todo lo que necesitamos, y luego el canal, que es una cuestión totalmente secundaria, tomará cuidar de sí mismo. En su significado interno y más importante, nuestro pan diario significa la realización de la Presencia de Dios: un sentido real de que Dios existe no solo de manera nominal, sino como la gran realidad; la sentir que Él está presente con nosotros; y el sentimiento de que porque Él es Dios, todo bueno, todo poderoso, todo Sabios, y todos amando, no tenemos nada que temer. que podemos confiar en Él para que cuide de nosotros; que Él proveerá todo lo que necesitamos tener; enséñanos todo lo que necesitamos saber; y guia nuestros pasos Para que no cometamos errores. Este es Emanuel, o Dios con nosotros; y recuerda que Absolutamente significa cierto grado de realización real , es decir, alguna experiencia enconciencia, y no solo un reconocimiento teórico del hecho; no simplemente hablando de Dios, por bellamente que uno pueda hablar, o pensar en Él; pero cierto grado de experiencia real.Debemos comenzar por pensar en Dios, pero esto debería llevarnos a la realización que es el día a día. pan o maná Esa es la esencia de todo el asunto. La realización, que es experiencia, es la cosa.eso cuenta. Es la realización lo que marca el progreso del alma. Es la realización la que garantiza. la manifestación. Es la realización, a diferencia de la mera teorización y las palabras finas, que es la sustancia de las cosas esperadas, la evidencia de las cosas no vistas . Este es el Pan de la Vida, lo oculto.maná, y cuando uno tiene eso, tiene todas las cosas de hecho y en verdad. Jesús varias veces se refiere a esta experiencia como pan porque es el alimento del alma, así como el alimento físico es el alimento. La nutrición del cuerpo físico. Suministrado con esta comida, el alma crece y se fortalece. Desarrollando gradualmente a la estatura adulta. Sin ella, siendo privada de su alimento esencial, Está naturalmente atrofiado y lisiado. El error común, por supuesto, es suponer que un reconocimiento formal de Dios es suficiente, o que hablar de cosas divinas, tal vez hablar poéticamente, es lo mismo que poseerlas; pero esto es exactamente a la par con suponer que mirar una bandeja de comida o discutir el producto químico La composición de diversos productos alimenticios, es lo mismo que realmente comer una comida. Es este error que es responsable del hecho de que las personas a veces oran por una cosa durante años sin ninguna Resultado tangible. Si la oración es una fuerza, no puede ser posible orar sin algo. sucediendo. No se puede obtener una realización por encargo; Debe venir espontáneamente como resultado de la rutina diaria. oración. Buscar la realización por la fuerza de voluntad es la forma más segura de perderla. Ora regularmente y en silencio— recuerde que en todo trabajo mental, el esfuerzo o la tensión se derrotan a sí mismos;Al menos esperarlo, como un ladrón en la noche, llegará la realización. Mientras tanto es bueno saber que todo tipo de dificultades prácticas pueden ser superadas por la oración sincera, sin ninguna realización en absoluto. Los buenos trabajadores han dicho que han tenido algunas de sus mejores demostraciones sin ninguna realización de la que vale la pena hablar; pero si bien es, por supuesto, una bendición maravillosa para superar tales Dificultades particulares, no logramos el sentido de seguridad y bienestar al que nos encontramos. Titulado hasta que hayamos experimentado la realización. Otra razón por la cual el símbolo de la comida o el pan para la experiencia de la Presencia de Dios es tal decirle a uno, es que el acto de comer alimentos es esencialmente una cosa que debe hacerse por uno mismo. Ninguno dieciséis Puede asimilar alimentos para otro. Uno puede contratar criados para hacer todo tipo de otras cosas por nosotros; pero Hay una cosa que uno debe hacer positivamente por sí mismo, y es comer su propia comida. En De la misma manera, la realización de la Presencia de Dios es algo que nadie más puede tener para nosotros. Nosotros pueden y deben ayudarse mutuamente en la superación de dificultades específicas, cargas "- pero la realización (o hacer realidad) de la Presencia de Dios, la" sustancia "y La "evidencia" puede, en la naturaleza de las cosas, ser obtenida solo de primera mano. Al hablar del "pan de vida, Emanuel", Jesús lo llama nuestro pan de cada día . La razón de esto es muy fundamental: nuestro contacto con Dios debe ser vivo. Es nuestra actitud momentánea hacia Dios.Que gobierna nuestro ser. "He aquí ahora es el tiempo aceptado; he aquí ahora es el día de la salvación".Lo más inútil del mundo es tratar de vivir una realización pasada. Lo que significa La vida espiritual para ti es tu realización de Dios aquí y ahora. La realización de hoy, no importa cuán débil y pobre parezca, tiene un millón de veces más poder para Ayudarte que la realización más vívida de ayer. Estar agradecido por la experiencia de ayer, sabiendo que está contigo para siempre en el cambio de conciencia que provocó, pero hazlo No te apoyes en ello por un solo momento por la necesidad de hoy. El espíritu divino es, y no cambia con El flujo y reflujo de la aprehensión humana. El maná en el desierto es el prototipo del Antiguo Testamento. de esta. Se les dijo a las personas que vagaban en el desierto que se les suministraría maná del cielo todos los días, cada uno siempre recibiendo abundante para sus necesidades, pero no estaban en ningún Cuenta para tratar de guardarlo para mañana. No se preocuparon por vivir en la comida de ayer, y cuando, a pesar de la regla, algunos de ellos intentaron hacerlo, el resultado fue Peste o muerte. Así es con nosotros. Cuando buscamos vivir en la realización de ayer, en realidad estamos buscando vivir en el pasado, y vivir en el pasado es la muerte. El arte de la vida es vivir en el momento presente, y hacer ese momento tan perfecto como podamos por la realización de que somos los instrumentos y Expresión de Dios mismo. La mejor manera de prepararse para el mañana es hacer hoy todo lo que sea. debiera ser. Perdona nuestras ofensas, como nosotros perdonamos a los que nos ofenden Esta cláusula es el punto de inflexión de la Oración. Es la clave estratégica para todo el tratamiento. Nos deja Noten aquí que Jesús ha arreglado esta maravillosa oración para que cubra todo el terreno de la oración. el despliegue de nuestras almas completamente, y de la manera más concisa y reveladora. No omite nada que es esencial para nuestra salvación y, sin embargo, tan compacta que no hay un pensamiento o una palabra también mucho. Cada idea encaja en su lugar con perfecta armonía y en perfecta secuencia. Algo más sería redundancia, cualquier cosa menos sería incompleta, y en este punto ocupa el Factor crítico del perdón. Habiéndonos dicho qué es Dios, qué es el hombre, cómo funciona el universo, cómo debemos hacer lo nuestro. El trabajo, la salvación de la humanidad y de nuestras propias almas, luego explica lo que nuestro verdadero la alimentación o el suministro es, y la forma en que podemos obtenerlo; y ahora viene a la perdón de los pecados. El perdón de los pecados es el problema central de la vida. El pecado es una sensación de separación de Dios, y es La mayor tragedia de la experiencia humana. Está, por supuesto, enraizado en el egoísmo. Es esencialmente un intento de ganar algún supuesto bien al que no tenemos derecho en la justicia. Es una sensación de aislamiento, autoestima, existencia personal, mientras que la Verdad del Ser es que todo es Uno. Nuestro verdadero ser es unida a Dios, sin dividirnos de Él, expresando Sus ideas, dando testimonio de Su naturaleza, la Pensamiento dinámico de esa mente. Porque todos somos uno con el gran Todo del cual somos Espiritualmente una parte, se deduce que somos uno con todos los hombres. Solo porque en Él vivimos y nos movemos. y tener nuestro ser, somos, en el sentido absoluto, esencialmente uno. El mal, el pecado, la caída del hombre, de hecho, es esencialmente el intento de negar esta Verdad en nuestros pensamientos. Tratamos de vivir separados de Dios. Tratamos de hacerlo sin él. Actuamos como si tuviéramos vida propia; como mentes separadas; como si pudiéramos tener planes y propósitos e intereses separados de los suyos. Todos esto, si fuera cierto, significaría que la existencia no es una y armoniosa, sino un caos de Competencia y lucha. Significaría que estamos bastante separados de nuestro prójimo y podríamos lastimarlo, robarlo o lastimarlo, o incluso destruirlo, sin daño alguno para nosotros mismos, y, en De hecho, cuanto más nos quitamos a otras personas, más deberíamos tener para nosotros mismos. Sería significa que cuanto más consideramos nuestros propios intereses, y más indiferentes estábamos ante el Bienestar de los demás, mejor deberíamos estar. Por supuesto que luego seguiría naturalmente que pagaríamos a otros para que nos traten de la misma manera, y que, en consecuencia, podríamos esperar que muchos de ellos para hacerlo Ahora bien, si esto fuera cierto, significaría que todo el universo es solo una jungla, y que Tarde o temprano debe destruirse a sí mismo por su propia debilidad y anarquía inherentes. Pero, por supuesto, es No es verdad y en eso reside la alegría de la vida. Sin lugar a dudas, muchas personas actúan como si creyeran que es verdad, y muchos más, ¿Quién sería terriblemente sorprendido si se enfrentara a esa proposición a sangre fría? sin embargo, un vago sentimiento de que tal debe ser en gran medida la forma en que las cosas son, a pesar de que, ellos mismos, están personalmente por encima de actuar conscientemente de acuerdo con tal noción. Ahora esto es La base real del pecado, del resentimiento, de la condenación, de los celos, del remordimiento y de toda la maldad. que recorran ese camino. Esta creencia en la existencia independiente y separada es el pecado del arco, y ahora, antes de que podamos progresar Además, tenemos que llevar el cuchillo a esta cosa malvada y cortarlo de una vez por todas. Jesús sabía Esto, y con este final definitivo a la vista, insertó en este punto crítico un documento cuidadosamente preparado. Declaración que rodearía nuestro fin y el suyo, sin la sombra de una posibilidad de aborto involuntario. Insertó lo que es nada menos que una cláusula de viaje. Redactó una declaración que nos obligaría, sin ninguna posibilidad concebible de escape, evasión, reserva mental o subterfugio de cualquier amable, para ejecutar el gran sacramento del perdón en toda su plenitud y poder de gran alcance. Al repetir inteligentemente la Gran Oración, considerando y significando lo que decimos, somos De repente, por así decirlo, nos levantamos de los pies y nos agarramos como en una prensa, de modo que debemos enfrentarnos. Este problema, y no hay escape. Debemos extender positiva y definitivamente el perdón a todos aquellos a quienes es posible que podamos deber el perdón, es decir, a cualquiera que creamos que puede Nos han herido de alguna manera. Jesús no deja espacio para ninguna posible glosa de este fundamental. cosa. Él ha construido su Oración con más habilidad que nunca. Un abogado exhibido en el casting. de un hecho Lo ha ideado de tal manera que una vez que hemos llamado nuestra atención sobre este asunto, estamos inevitablemente obligado a perdonar a nuestros enemigos con sinceridad y verdad, o nunca más repetir eso Oración. Es seguro decir que nadie que lea este ensayo con entendimiento nunca podrá para usar la Oración del Señor a menos que y hasta que hayan perdonado. Si ahora intentas repetirlo sin perdonar, se puede predecir con seguridad que no podrá terminarlo. Esta gran central La cláusula se pegará en tu garganta.

Fíjate que Jesús no dice "perdóname mis transgresiones y yo trataré de perdonar a otros" o "yo Veremos si se puede hacer ", o" Perdonaré en general, con ciertas excepciones ". Nos obliga a Declare que realmente hemos perdonado, y perdonado a todos, y él hace nuestro reclamo de nuestra propia El perdón depende de eso. ¿Quién es el que tiene la gracia suficiente para decir sus oraciones,Quien no anhela el perdón o cancelación de sus propios errores y faltas. Quién podría estar tan loco como para tratar de buscar el Reino de Dios sin desear ser relevados de su propio sentido de culpa? Nadie, podemos creer. Y así vemos que estamos atrapados en lo ineludible. posición de que no podemos exigir nuestro propio lanzamiento antes de que hayamos liberado a nuestro hermano. El perdón de los demás es el vestíbulo del cielo, y Jesús lo supo y nos llevó a la puerta. Debes perdonar a todos los que te hayan lastimado si quieres que te perdonen a ti mismo; eso es el largo y corto de él. Tienes que deshacerte de todo resentimiento y condena de los demás, y no, Al menos, de autocondena y remordimiento. Tienes que perdonar a los demás, y habiendo suspendido tu propios errores, tienes que aceptar el perdón de Dios para ellos también, o no puedes hacer nada Progreso. Tienes que perdonarte a ti mismo, pero no puedes perdonarte sinceramente hasta que hayas perdonó a los demás primero. Habiendo perdonado a otros, también debe estar preparado para perdonarse a sí mismo, para negarse a perdonarse es solo orgullo espiritual. "Y por aquel pecado cayeron los ángeles". No podemos hacer este punto demasiado claro para nosotros mismos; Tenemos que perdonar. Hay pocas personas en el mundo que en algún momento u otro no ha sido lastimado, realmente herido, por otra persona; o ha sido decepcionado, o heridos, o engañados, o engañados. Tales cosas se hunden en la memoria donde usualmente causan heridas inflamadas y supurantes, y solo hay un remedio: tienen que ser arrancados y tirado Y la única forma de hacerlo es mediante el perdón. Por supuesto, nada en el mundo es más fácil que perdonar a las personas que no nos han hecho mucho daño. Nada es más fácil que elevarse por encima de la idea de una pérdida insignificante. Cualquiera estará dispuesto a hacer Esto, pero lo que la Ley del Ser exige de nosotros es que perdonemos no solo estas insignificancias, sino la misma cosas que son tan difíciles de perdonar que al principio parece imposible hacerlo en absoluto. El corazon desesperado grita: "Es mucho pedir. Eso significó demasiado para mí. Es imposible. No puedo perdonarlo". Pero la oración del Señor hace nuestro propio perdón de Dios, lo que significa nuestro escape de la culpa. y la limitación, dependiente sólo de esta misma cosa. No hay escapatoria de esto, y así debe haber perdón, no importa cuán profundamente nos hayamos lastimado, o cuán terriblemente Ha sufrido. Debe hacerse. Si sus oraciones no están siendo contestadas, busque en su conciencia y vea si no hay alguien a quien aún no has perdonado. Averigua si no hay algo antiguo de lo que eres muy resentido. Busque y vea si realmente no está guardando rencor (puede estar camuflado en algunos forma de justicia propia) contra algún individuo, o algún cuerpo de personas, una nación, una raza, un social clase, algún movimiento religioso del que tal vez desapruebas, un partido político o lo que no. Si lo estás haciendo, entonces tienes que realizar un acto de perdón, y cuando esto se haga, lo harás Probablemente haga su demostración. Si no puede perdonar en este momento, tendrá que esperar por su Demostración hasta que puedas, y tendrás que posponer el final de tu recital del Señor Ora también, o involucrate en la posición de que no deseas el perdón de Dios. Hacer que los demás sean libres significa liberarse, porque el resentimiento es realmente una forma de apego. Eso Es una verdad cósmica que se necesitan dos para hacer un prisionero; El prisionero, y un gaoler. No hay tal cosa como ser un prisionero por cuenta propia. Cada prisionero debe tener un gaoler, y el gaoler Es tanto un prisionero como su cargo. Cuando tienes resentimiento contra alguien, estás obligado a esa persona por un enlace cósmico, una cadena real, aunque mental. Estás atado por un lazo cósmico a la cosa. que odias La única persona en todo el mundo que más te disgusta es la que más te gusta. a quien te atas con un gancho que es más fuerte que el acero. ¿Es esto lo que deseas? Es esto ¿La condición en la que deseas seguir viviendo? Recuerda, perteneces a aquello con lo que estás vinculado en el pensamiento, y en algún momento u otro, si ese vínculo perdura, el objeto de tu El resentimiento se volverá a atraer a su vida, quizás para causar más estragos. Piensas que se puede permitir esto? Por supuesto, nadie puede permitirse tal cosa; Y así el camino está claro. Debes Corta todos esos lazos, por un acto claro y espiritual de perdón. Debes soltarlos y dejarlos ir. Por el perdón te liberas; salvas tu alma Y porque la ley del amor funciona igual. por una parte, tú también ayudas a salvar su alma, lo que hace que sea mucho más fácil para ellos convertirse en lo que deberían ser. Pero cómo, en nombre de todo lo que es sabio y bueno, es el acto mágico de perdón ser logrado, cuando hemos sido tan profundamente heridos que, aunque hemos deseado desde hace mucho tiempo con todos nuestros corazones que podríamos perdonar, sin embargo, lo hemos encontrado imposible; cuando lo hemos intentado y ¿Trató de perdonar, pero ha encontrado la tarea más allá de nosotros? La técnica del perdón es bastante simple, y no muy difícil de manejar cuando Entender cómo. Lo único que es esencial es la voluntad de perdonar. Siempre que deseesPerdonen al ofensor, la mayor parte del trabajo ya está hecho. La gente siempre ha hecho tal fantasma del perdón porque han estado bajo la impresión errónea de que perdonar a un Persona significa que tienes que obligarte a que te gusten. Afortunadamente esto no es de ninguna manera la caso, no estamos llamados a querer a nadie a quien no nos guste espontáneamente, y, de hecho, es imposible que la gente ordene No puedes pedir más que tú puede mantener los vientos en su puño, y si se esfuerza por obligarse a hacerlo, lo hará termina desagradando u odiando al ofensor más que nunca. La gente solía pensar que cuando alguien les había hecho mucho daño, era su deber, como buenos cristianos, inflar, por así decirlo, un sentimiento de gusto por ellos; y como tal cosa es absolutamente imposible, sufrieron una gran angustia, y terminó, necesariamente, con el fracaso y la sensación de pecado resultante. No estamos obligados a gustar. nadie; pero tenemos la obligación vinculante de amar a todos, amor o caridad como lo llama la Biblia. es decir, un sentido vívido de buena voluntad impersonal. Esto no tiene nada que ver directamente con los sentimientos, aunque siempre es seguido, tarde o temprano, por un maravilloso sentimiento de paz y felicidad. El método de perdonar es este: quédate solo y quédate tranquilo. Repite cualquier oración o tratamiento. eso te atrae, o lee un capítulo de la Biblia. Luego diga en voz baja: "Perdono completa y libremente a X (mencionando el nombre del delincuente); Los suelto y los dejo ir. Perdono completamente el Todo el asunto en cuestión. En lo que a mí respecta, está terminado para siempre. Echo la carga, de El resentimiento sobre el Cristo dentro de mí. Ahora son libres, y yo también soy libre. Les deseo lo mejor en Cada fase de su vida. Ese incidente está terminado. La Verdad de Cristo nos ha liberado a ambos. agradezco Dios. "Entonces levántate y haz tu trabajo. De ninguna manera repite este acto de perdón, porque lo has hecho de una vez por todas, y hacerlo una segunda vez sería tácitamente repudiar tu propio trabajo Después, siempre que venga la memoria del delincuente o la ofensa. en tu mente, bendice brevemente al delincuente y desecha el pensamiento. Haz esto, sin embargo muchas veces el pensamiento puede volver Después de unos días, volverá cada vez menos, hasta que lo olvide. en total. Entonces, quizás después de un intervalo, más corto o más largo, el problema anterior puede volver a Recuerdo una vez más, pero descubrirás que ahora han desaparecido todas las amarguras y resentimientos, y ambos son libres con la perfecta libertad de los hijos de Dios. Tu perdón es completo. Usted experimentará una maravillosa alegría en la realización de la demostración. Todo el mundo debería practicar el perdón general todos los días como una cuestión de rutina. Cuando dices tu oraciones diarias, emita una amnistía general, perdonando a todos los que lo hayan lastimado de alguna manera, y en ningún caso particularizar; Simplemente diga: "Perdono libremente a todos". Luego, en el curso de la día, en caso de que surja el pensamiento de agravio o resentimiento, bendiga brevemente al infractor y deseche el pensamiento. El resultado de esta política será que muy pronto se encontrará libre de todo resentimiento y la condena y el efecto sobre su felicidad, su salud corporal y su vida en general serán Nada menos que revolucionario. No nos dejes caer en la tentación; Mas líbranos del mal Esta cláusula probablemente ha causado más dificultad que cualquier otra parte de la oración. Para muchos fervientes La gente ha sido un verdadero escollo. Sienten, y con razón, que Dios no puede guiar. Cualquiera en la tentación o en el mal en cualquier circunstancia, por lo que estas palabras no suenan verdaderas. Por esta razón, se han hecho varios intentos para refundir la redacción. La gente ha sentido que Jesús no pudo haber dicho lo que se dice que haya dicho, y por eso buscan algo La frase que ellos piensan sería más acorde con el tono general de su enseñanza. Se han hecho esfuerzos heroicos para convertir el original griego en algo diferente. Todo esto, Sin embargo, es innecesario. La Oración en la forma en que la tenemos en inglés da un perfecto correcto sentido del verdadero significado interno. Recuerda que la Oración del Señor cubre todo el vida espiritual. Aunque el formulario es condensado, es un manual completo para el desarrollo del alma, y Jesús conocía demasiado bien los peligros sutiles y las dificultades que pueden y acosar al alma una vez que hayan pasado las etapas preliminares del desarrollo espiritual. Debido a que aquellos que todavía están en una etapa relativamente temprana de desarrollo no experimentan tales dificultades, pueden saltar a la conclusión de que esta cláusula es innecesaria, pero tal no es el caso. Los hechos son estos: cuanto más oras, más tiempo pasas en meditación y espiritualidad. Tratamiento, cuanto más sensible te vuelves. Y si pasas mucho tiempo trabajando en tu Alma de la manera correcta, te volverás muy sensible. Esto es excelente; pero como todo en el Universo, funciona en ambos sentidos. Cuanto más sensible y espiritual te vuelves, más poderoso y Efectivas son tus oraciones, haces una mejor sanación y avanzas rápidamente. Pero, por lo mismo Por esta razón, usted también se vuelve susceptible a las formas de tentación que simplemente no acosan a los que están etapa más temprana También encontrará que para las fallas comunes, incluso las cosas que muchos hombres y mujeres de El mundo consideraría que es insignificante, usted será severamente castigado, y esto está bien, porque te mantiene hasta la marca. Las transgresiones aparentemente menores, los "pequeños zorros que arruinan la vides ", desperdiciaría nuestro poder espiritual si no se tratara con prontitud. Nadie en este nivel estará tentado a buscar un bolsillo o robar una casa; Pero esto no lo hace por ningún significa implicar que uno no tendrá dificultades, y debido a su sutileza, incluso mayor Dificultades, para cumplir. A medida que avanzamos, nuevas y poderosas tentaciones nos esperan en el Sendero, siempre listas para lanzarnos si no somos vigilantes: tentaciones de trabajar para la gloria del uno mismo y engrandecimiento personal en lugar de para Dios; para honores y distinciones personales, incluso para ganancia material; tentaciones para permitir personal preferencias para dominar nuestros consejos cuando es un deber sagrado tratar con todos los hombres en perfecto estado imparcialidad. Más allá de todos los demás pecados, el pecado mortal del orgullo espiritual, verdaderamente "el último enfermedad de la mente noble ", se esconde en este camino. Muchas almas finas que han superado triunfalmente todas las demás pruebas han caído en una condición de superioridad y justicia propia que ha caído Como una cortina de acero entre ellos y Dios. El gran conocimiento trae gran responsabilidad. Genial La responsabilidad traicionada trae un castigo terrible en su tren. La nobleza obligada es preeminentemente verdaderaen las cosas espirituales. El conocimiento que uno tiene de la Verdad, por poco que sea, es una confianza sagrada para La humanidad que no debe ser violada. Si bien nunca debemos cometer el error de echar nuestras perlas. ante los cerdos, ni instemos a la Verdad en los barrios donde no es bienvenida, sin embargo, debemos hacer todo lo que podamos sabiamente puede difundir el verdadero conocimiento de Dios entre la humanidad, que ninguno de "estos pequeños" Puede pasar hambre a través de nuestro egoísmo o nuestra negligencia. "Alimenta a mis corderos, alimenta a mis ovejas". Los viejos escritores ocultistas eran tan vívidamente sensibles a estos peligros que, con su instinto de En la dramatización, hablaron del alma como desafiada por varias pruebas a medida que avanzaba hacia arriba. la carretera. Era como si el viajero se detuviera en varias puertas o barras de la autopista de peaje y fuera probado por algunos prueba para determinar si estaba listo para seguir avanzando. Si lograba pasar el dijeron, le permitieron que continuara su camino con la bendición del retador. Si, sin embargo, no pudo sobrevivir a la prueba, se le prohibió proceder. Ahora, algunas almas menos experimentadas, ansiosas por un rápido avance, han deseado precipitadamente ser sometido de inmediato a todo tipo de pruebas, e incluso las he mirado, buscando dificultades para superar; como si la propia personalidad no presentara ya suficiente material para cualquier un hombre o una mujer para tratar. Olvidando la lección de la propia prueba de nuestro Señor en el desierto, olvidando el precepto "No tentarás al Señor tu Dios", virtualmente han hecho esto Muy, con resultados tristes. Y así, Jesús ha insertado esta cláusula, en la que oramos para que podamos no tenemos que encontrarnos con nada que sea demasiado para nosotros en el nivel actual de nuestro entendimiento. Y sl somos sabios, y trabajamos diariamente, como deberíamos, para la sabiduría, la comprensión, la pureza y la guía de Espíritu Santo, nunca nos encontraremos en ninguna dificultad para la cual no tenemos la Comprensión necesaria para aclararnos. Nada te lastimará de ninguna manera. He aquí estoy con tu siempre Tuyo es el reino, y el poder, y la gloria, por los siglos de los siglos. Este es un maravilloso dicho gnómico que resume la verdad esencial de la Omnipresencia y la La totalidad de Dios. Significa que Dios es todo en todo, el hacedor, el hacer y el hecho, y uno Puede decirse también el espectador. El Reino en este sentido significa toda creación, en cada plano, porque eso es La presencia de Dios: Dios como manifestación o expresión. El Poder, por supuesto, es el Poder de Dios. Sabemos que Dios es el único poder, y así, cuando nosotros trabajo, y cuando oramos, es realmente Dios haciéndolo por medio de nosotros. Así como el pianista produce su La música por medio de, o por medio de sus dedos, para que la humanidad sea considerada como los dedos de Dios. El suyo es el poder. Si, cuando estás orando, tienes la idea de que realmente es Dios quien es Trabajando a través de usted, sus oraciones aumentarán enormemente en eficiencia. Di: "Dios es inspirador. yo. "Si, cuando tienes algo común que hacer, tienes el pensamiento" Inteligencia Divina es trabajando a través de mí ahora, "realizará las tareas más difíciles con un éxito asombroso. El maravilloso cambio que nos sobreviene a medida que nos damos cuenta gradualmente de lo que es la Omnipresencia de Dios. realmente significa, transfigurar cada fase de nuestras vidas, convirtiendo la tristeza en alegría, la edad en juventud, y opacidad en la luz y la vida. Esta es la gloria, y la gloria que viene a nosotros es, por supuesto, la de Dios. también. Y la dicha que conocemos en esa experiencia sigue siendo Dios mismo, quien conoce esa dicha. a traves de nosotros. En los últimos años, la oración del Señor a menudo se ha reescrito en forma afirmativa. En este estilo, por Por ejemplo, la cláusula "venga tu reino, hágase tu voluntad", se convierte en: "tu reino ha venido, tu se hará ". Todas estas paráfrasis son interesantes y sugerentes, pero su importancia no es vital. La forma afirmativa de la oración debe usarse para todo trabajo de sanación, pero es solo una forma de oración. oración. Jesús usó la forma de invocación muy a menudo, aunque no siempre, y el uso frecuente de este La forma es esencial para el crecimiento del alma. No debe ser confundido con oración suplicante, en que el sujeto suplica y se queja a Dios como esclavo suplicando a su amo. Eso es siempre incorrecto. La más alta de todas las formas de oración es la verdadera contemplación, en la cual el pensamiento y la El pensador se convierte en uno. Esta es la Unidad de lo místico, pero rara vez se experimenta en los primeros tiempos. etapas Ora de la manera que encuentres más fácil; Para la manera más fácil es la mejor. Venid a mí todos los que trabajáis y sois. Cargado pesadamente y te daré descanso. El Señor es mi luz y mi salvación; ¿A quien temeré? El Señor es la fortaleza. de mi vida; ¿De quién tendré miedo? Aunque un host deba acampar contra mí, mi corazón no temerá, aunque la guerra deba Levántate contra mí, en esto estaré confiado. Cuando pases por las aguas, yo estará contigo; ya través de los ríos, no te desbordará: cuando camines por el fuego no serás quemado; ninguno te encenderá la llama. Mientras él buscó al Señor, Dios hizo que prospere .

Capítulo 3 - EL BUEN PASTOR

Una meditación en el salmo 23 1. El Señor es mi pastor; Nada me faltará. 2. Me hace recostar en pastos verdes; me guía junto a las aguas tranquilas. 3. Él restaura mi alma; me guía por los caminos de la justicia por amor de su nombre. 4. Sí, aunque camino por el valle de la sombra de la muerte, no temeré al mal, porque tú eres conmigo; Tu vara y tu bastón me consolarán. 5. Preparas una mesa delante de mí en presencia de mis enemigos: unge mi cabeza con petróleo; mi copa se ha acabado. 6. Seguramente el bien y la misericordia me seguirán todos los días de mi vida, y viviré en la casa. del Señor para siempre. El Salmo Veintitrés es un tratamiento espiritual en forma de poema. Deberias leer esto meditación a través de varias veces, deteniéndose en cada afirmación y esforzándose por realizar la Significado de lo que estás leyendo. El señor es mi pastor. El Señor significa Dios, en particular mi propio conocimiento de la Verdad, como esoEl conocimiento es la Presencia de Dios en mí, mi Cristo residente. Este es mi pastor. El pastor cuida de sus ovejas, y el Señor me cuidará porque ahora lo estoy buscando a través de esta meditacion Solo tengo que comprender suficientemente esta Verdad, que el Señor es mi pastor, y todo lo negativo en mi vida se desvanecerá. I Shall No quiera . Realmente creo esto, y lo acepto completamente, así que no voy a tener miedo decualquier cosa. Creo firmemente que no desearé nada bueno. Me obligó a acostarme en los pastos verdes . Los pastos verdes simbolizan la abundancia de todo bien.Cosas que necesito, y perfecta armonía en mi vida. Deben ser mías permanentemente y Para siempre, y no meramente como una demostración temporal; por eso se me puede decir que me acueste ellos. Me guía junto a las aguas tranquilas. El agua en la Biblia simboliza el alma. Para llevarme al ladolas aguas tranquilas significan que el poder de Dios en la oración tranquiliza mi alma, dándome la paz perfecta. Sé que una vez que mi alma esté en paz, mi demostración debe venir, y que mi única tarea es Para lograr esta paz. Por esta meditación estoy practicando la Presencia de Dios. Es decir, soy orando por la paz, y sé que esta oración será contestada. Él restaura mi alma. Esta es mi promesa de salvación completa. Mi oración está siendo ahora contestado. La paz de Dios está llenando mi alma. Todas mis dificultades han surgido de mi alma teniendo se separó en la creencia de su Fuente Viva. He pensado que estoy separado de Dios, y, por lo tanto, para propósitos prácticos, me separé, y esto ha significado para mí una carga de responsabilidad, egoísmo, miedo y limitación; en otras palabras, la "Caída del Hombre". Este texto, sin embargo, definitivamente promete la restauración de mi alma a su comprensión divina original, y es Una garantía de libertad. Yo afirmo que esto es verdad ahora. Reclamo la salvación completa de todas mis dificultades. Reclamo perfecta salud, felicidad y prosperidad, soy libre.

Él me guía por los caminos de la justicia por amor de su nombre . La justicia significa lo correctopensando, y sé que pensar correctamente sobre cualquier condición significa curación y seguridad. Todo mal es pensamiento equivocado, todo bien es pensamiento correcto o verdadero. Cristo en mí, mi buen pastor, ahora está guiando Yo en el camino del Pensamiento Correcto; así todo estará bien. En la Biblia "el nombre" de cualquier cosa es el Naturaleza o carácter de esa cosa. La naturaleza de Dios es todopoderosa, omnipresente, buena, ilimitada. amor. Sé que este Amor sin límites ahora está cuidándome y organizando mis asuntos. Sí, aunque camine por el Valle de la Sombra de la Muerte, no temeré al mal, porque Tú eres Conmigo . Nunca volveré a tener miedo de nada, porque Tú, mi Buen Pastor, eresconmigo. Sé que Tú, que eres todo el Amor, y que tienes todo el Poder, me protege, y que somos Uno. por siempre y para siempre. Sé que nunca puedo encontrarme en ningún lado, pero tú también estarás allí. yo Sepa que porque Tú eres Vida, no hay muerte, y observo que la Biblia no habla de muerte. sino de la sombra de la muerte, que es nuestra falsa creencia. No hay muerte, sino la aparente pérdida de Tu. Presencia. Tu vara y tu bastón me consuelan . Sé que tu ley no cambia, porque tú eresPrincipio divino, y sé que mi palabra saldrá en esta meditación, y que no regresa a mí vacío, porque soy Tu hijo y el heredero de Tu Reino. Preparas una mesa delante de mí en presencia de mis enemigos. Mis enemigos son miospensamientos: mis dudas, mis miedos, mis pensamientos de crítica de los demás y la auto-condena, la Sólo los enemigos que puedo tener. "Los enemigos de un hombre serán los de su propia casa". Pero estos ahora no Ya no tengo poder para hacerme daño porque estoy hablando la Palabra de Verdad y mi Bien. Shepherd me traerá una gloriosa demostración en los dientes de cada dificultad. Anomtest mi cabeza con aceite. En la Biblia, el aceite y el ungüento son símbolos de alegría, alabanza,y gracias. Esta línea me asegura que debo ser rescatado de todas mis dificultades. Unción con aceite es también un símbolo de consagración, y al meditar de esta manera en la Verdad, soy Reconsagrada como el hijo perfecto de Dios. Bendigo a Dios por su perfecta bondad. Doy gracias a Dios por su Cuidado perfecto, incesante para mí. Lo alabo por la gloria de su nombre. Le agradezco en particular Por una demostración perfecta y generosa de mis dificultades actuales. Mi copa se acabó. Esta es una garantía adicional de la minuciosidad y plenitud de midemostración; no simplemente que Dios me librará de mis dificultades, sino que voy a Recibir una solución clara, completa y satisfactoria de mi problema y de las causas ocultas subyacentes. para que desaparezca para siempre de mi vida. Cuando mi Buen Pastor llena mi copa, no es meramente llenado; corre sobre Seguramente la bondad y la misericordia me seguirán todos los días de mi vida . Porque se que cadaLa buena oración debe terminar con acción de gracias y una declaración de fe. Ahora te doy gracias. Amor infinito divino, por el hecho realizado, y alabo tu gloriosa perfección ilimitada, por la perfecta armonía, la paz y el triunfo que seguramente serán míos. Yo afirmo este triunfo. yo reclamarlo. Me lo apropio Es mía. Moraré en la casa del Señor para siempre. Gracias a Dios que ahora sé que el Señor esmi pastor, y que nunca querré nada bueno. Lo sé y me doy cuenta. Mi alma esta arraigada y fundamentado en la verdad. Tu Presencia está conmigo y me da descanso. Ahora no hay miedo ni duda puede por cualquier medio se arrastra hacia adentro. Soy Tu hijo, el Hijo de tu Casa, una casa no hecha con manos, Eterno en los

Cielos, y en esa casa moraré contigo para siempre jamás. Esta terminado. Todo está bien.

Capítulo 4 - EL LUGAR SECRETO SALMO 91

1. El que mora en el lugar secreto del Altísimo morará bajo la sombra de la Todopoderoso. 2. Diré al Señor: Él es mi refugio y mi fortaleza: Dios mío; en él confiaré. 3. Seguramente te librará de la trampa del cazador y de la ruidosa pestilencia. 4. Él te cubrirá con sus plumas, y debajo de sus alas confiarás: su verdad será tuya. Escudo y hebilla. 5. No tendrás miedo por el terror de la noche; ni por la flecha que vuela de día; 6. Ni por la pestilencia que camina en la oscuridad; ni por la destrucción que se desperdició al mediodía. 7. Caerán a tu lado mil y diez mil a tu diestra; pero no se acercará El e. 8. Solo con tus ojos mirarás y verás la recompensa de los impíos. 9. Porque has hecho al Señor, que es mi refugio, incluso el Altísimo, tu morada; 10. No te sobrevendrá mal, ni plaga se acercará a tu morada. 11. Porque él hará que sus ángeles se encarguen de ti, para que te guarden en todos tus caminos. 12. Te sostendrán en sus manos, para que no tropieces con una piedra contra tu pie. 13. Pisarás al león y a la víbora: el joven león y el dragón pisotearás bajo los pies 14. Porque él ha puesto su amor sobre mí, entonces yo lo entregaré, lo pondré en lo alto, porque ha conocido mi nombre. 15. Él me llamará, y yo le responderé: estaré con él en problemas; Yo lo entregaré, y honrarlo. 16. Con larga vida lo satisfaceré, y le mostraré mi salvación. EL salmo noventa y uno es uno de los capítulos más grandiosos de toda la Biblia. Es uno de esos Capítulos que todo el mundo sabe de memoria. Sin embargo, como

tantos pasajes bíblicos familiares, es Lamentablemente entre los menos entendidos. Por supuesto, debe ser interpretado de manera espiritual, y es solo así que se llega al verdadero significado. Como el resto de las Escrituras, el subyacente el pensamiento se desarrolla a través de una serie de símbolos, y es por la apreciación de los valores que se encuentran Detrás de éstas se apropia el poder de esta oración. El Libro de los Salmos ha sido llamado "La pequeña Biblia" y ciertamente forma un tesoro sin igual. Casa de riquezas espirituales. Esta maravillosa colección de poemas, líricos, dramáticos, elegíacos, contiene algo para adaptarse a cada estado de ánimo y para satisfacer todas las necesidades de la humanidad. A lo largo de los siglos de ambos. El Antiguo Testamento y la historia cristiana, han sido una fuente inagotable de inspiración y Confort para hombres y mujeres de todo tipo y todos los ámbitos de la vida, y es seguro decir que no hay alma en necesidad siempre se ha convertido en el libro de los Salmos en vano. El Salmo Noventa y uno, cuando se entiende científicamente, se considera uno de los más poderosos oraciones jamás escritas. Todo tipo de personas han salido de todo tipo de Problemas para trabajar en esta oración todos los días, de manera espiritual. Otros casos están registrados por personas. que no habían orado durante años recurriendo a esta oración en una gran emergencia y superando su dificultad; con solo el significado superficial para ayudarlos. Se verá fácilmente, por lo tanto, qué tan bien Vale la pena hacer un conocimiento completo de al menos las ideas principales contenidas. dentro de ella, porque entonces uno siempre está listo para entregar una oración práctica de poder sin paralelo. La mejor manera de sacar el máximo provecho de este salmo es leerlo en voz baja; pausa después de cada cláusula considerar el significado dado en el comentario; asentir a esto mentalmente; y luego pasar a el siguiente. Recuerda que todo esto es rezar. La oración es, esencialmente, pensar en Dios, no necesariamente dirigiéndose a Dios, aunque esto puede ser útil a veces, y mientras trabaja en este salmo, analizando el texto y considerando el significado en tu propia mente, estás orando, y de una manera muy eficiente también. Si estás en una dificultad específica, y particularmente si eres más bien temeroso, después de trabajar en la oración una o dos veces o quizás tres veces, encontrará que la mayor parte de tu miedo habrá desaparecido, y que ahora estás mirando las cosas desde un punto diferente de vista - y este es el cambio en la mentalidad que produce resultados. Consideremos entonces la oración en detalle, tomándola verso por versículo. El que mora en el lugar secreto del Altísimo morará bajo la sombra del Todopoderoso. El Lugar Secreto del Altísimo es tu propia conciencia, y este hecho es el más importante. Descubrimiento práctico en toda la ciencia de la religión. El error que se suele hacer es suponer que el El lugar secreto del Altísimo para estar en algún lugar fuera de ti; a través del mar, o arriba en el cielo probablemente. Este error suele ser fatal para nuestras esperanzas, porque nuestras perspectivas de éxito en la oración depende de nuestro éxito en obtener algún grado de contacto con Dios, y ya que Él solo debe ser contactados dentro, y nunca fuera, siempre y cuando miremos sin, naturalmente debemos fallar en nuestro objetivo. Jesús enfatizó esta verdad una y otra vez; De hecho, es la piedra fundamental de su toda la enseñanza. "Busca primero el Reino de Dios", dijo, y cuando se le preguntó dónde estaba ese reino se pudo encontrar, respondió: "El Reino de Dios está dentro de ti". Y otra vez dijo que cuando nosotros Ore para que entremos en el armario y cerremos la puerta, es decir, que nos retiremos en nuestros pensamientos. Conciencia y para retirar nuestra atención de las cosas externas. De hecho, esta doctrina del Secreto. El lugar y las maravillas que pueden suceder allí se enseñan en toda la Biblia. Permanecer bajo la sombra del Todopoderoso significa vivir bajo la protección de Dios mismo. "Bajo la sombra" es una expresión dramática y oriental de seguridad. Pueblos orientales, y especialmente aquellos con antecedentes desérticos, como el pueblo de Palestina, ven al sol como un peligro, incluso un enemigo, del cual necesitan ser salvaguardados. En Occidente, por regla general, lo consideramos como nuestro mejor amigo, y apenas podemos obtener suficiente sol para satisfacernos; pero en Oriente es lo contrario. Allí, la sombra es el santuario o la seguridad: "la sombra de una gran roca en una tierra cansada". El agotado El viajero, al alcanzar su objetivo, se hunde en la sombra para su descanso largamente buscado, sintiendo que ahora en El último está a salvo. Notemos que aquí a Dios se le llama "El Todopoderoso", siendo este título seleccionado de entre los muchos otros títulos que la Biblia tiene para Dios, para impresionarnos en este punto con el hecho de que Él Realmente es Todopoderoso, y que, por lo tanto, Él puede superar nuestra dificultad presente para nosotros, no importa cómo grande puede parecer en este momento: "Con Dios todo es posible". Considerar, sin embargo, que la Se hace promesa a "el que mora ". Si solo nos topamos con el Lugar Secreto una y otra vez cuandoestamos en problemas, casi no se puede decir que moramos allí. Dios siempre vendrá a nuestro rescate. cada vez que oramos, pero si rara vez pensamos en Él en otros momentos, podemos experimentar una considerable dificultad para hacer nuestro contacto en caso de emergencia; Incluso podemos estar tan perturbados como para olvidar. en conjunto para orar. Por medio de la oración y meditación diarias regulares moramos en el Lugar Secreto, y entonces podemos esperar permanecer bajo la sombra, y disfrutar de la protección del Poder que es De hecho, todo poderoso. En este punto notamos un cambio en la forma del salmo de la tercera persona a la primera. Esto es un Golpe literario de rara habilidad. Observe que el poema se abre anunciando definitivamente lo irresistible. poder de la oración. Establece una ley cósmica general en una forma de desapego científico. A fin de que Traiga a su hogar con claridad inequívoca el hecho de que esta ley se aplica a usted, tanto como a cualquier cosa o cualquier persona en el universo, y de ninguna manera usted podría ser una excepción, ahora cambia a la primera persona y te hace decir "yo". En el lenguaje de la metafísica, obliga. Tú para expresar el YO SOY. Diré al Señor: Él es mi refugio y mi fortaleza; Dios mío; en Él confiaré. El Señor significa Dios, en particular su propio conocimiento de la Verdad, ya que ese conocimiento es en sí mismo la Presencia de Dios en el que lo conoce, su Cristo residente. ¿Cómo puede el conocimiento ser una presencia? Secular el conocimiento, que es intelectual, no puede; Pero el verdadero conocimiento de Dios no es un intelectual. teoría; es una experiencia real, no una cosa de la cabeza, sino del corazón, y esto es ciertamente una Presencia. De hecho, es el propio Yo superior, o Ser real. Es puro espíritu. Es uno con Dios. Como un Como regla general, las personas se contactan con este Yo real solo de forma vaga y ocasional al principio, a menudo llamando al experiencia "intuición". Luego, si rezan regularmente de manera científica, y especialmente si Con frecuencia rezan por inspiración, los destellos de la intuición parpadean gradualmente, se magnifican y fortalecen. en un sentido claro y definido de la Presencia de Dios, cuando Él realmente se convierte en su Señor. los el estudiante debe entender, sin embargo, que de ninguna manera es necesario tener este claro sentido de la Presencia divina para tener la ayuda de Dios. El mero hecho de que estés orando en absoluto significa que la acción de Dios está teniendo lugar en tu conciencia, y la acción de Dios debe tener resultados En Él confiaré. Por muy preocupado o deprimido que esté, sin embargo, lleno de dudas ydudas, aún el hecho de que esté orando significa que tiene al menos suficiente fe para ese. La fe para seguir orando en medio de dudas sobre los resultados es el grano de mostaza. La semilla que Jesús dice es suficiente para propósitos prácticos. "En Él confiaré" es una expresión de Tu determinación de confiar en Dios a pesar de las apariencias. Significa que ahora has determinado Confiar prácticamente en Dios al dejar de preocuparse y temer. Este es el uso legítimo y espiritual de la voluntad. Tu voluntad es una facultad divina, y tiene su propio lugar en la vida espiritual. Por supuesto, la voluntad puede ser mal utilizado No debemos tratar de hacer que los eventos pasen por el esfuerzo directo de la fuerza de voluntad, incluso para producir una curación corporal; pero la voluntad debe ser empleada para decir si vamos a orar o no rezar si vamos a ceder al miedo o negarnos a hacerlo; si vamos a ceder a la tentación o no. En el caso de la tentación, es notorio la frecuencia con la que falla el poder, pero esto se debe a que se debe emplear la voluntad, no para combatir la tentación directamente, sino para elegir reza por ello en lugar de cederlo. Esta frase significa, no que ya haya alcanzado un sentido de seguridad, sino que, aunque Todavía te sientes en peligro, estás eligiendo por el ejercicio correcto de tu poder de voluntad poner tu confianza en el Amor de Dios, en lugar de en el peligro inminente. En este punto, el poema cambia dramáticamente otra vez, esta vez de la primera persona a la segunda. Ahora has expresado el YO SOY; has reconocido tanto el poder como la bondad de Dios; y el hecho de la Presencia viva de Dios en ti y contigo. Usted ha determinado, por un espiritual acto de voluntad, confiar en Dios, y por este procedimiento usted ha puesto en acción la acción de Dios en su vida. Has hecho tu parte. Ahora la Palabra de la Verdad se representa dirigiéndose a ustedes con una garantía autorizada de que su oración será contestada, que de alguna manera u otra, no por cualquier medio necesariamente de la manera que usted espera, pero de alguna manera buena, será rescatado de tu dificultad. Una vez más, el instinto oriental de la forma dramática lleva a la gran verdad a casa con Poder sin igual en este empleo de la segunda persona. Seguramente te librará de la trampa del cazador, y de la ruidosa pestilencia. Él debería te cubrirá con sus plumas, y debajo de sus alas confiarás: su verdad será tu escudo y Buckler . Sobra decir que tanto la trampa del cazador como la ruidosa pestilencia deben interpretarse enEl sentido más general incluye cualquier tipo de peligro, material, moral o espiritual, que pueda amenazar tu bienestar; y las descripciones muy adecuadas son de muchos de los peligros que acosan a los Hijos de los hombres en su ronda diaria. Sin embargo, usted no debe tener aprehensión por su La protección ahora está asegurada en una de esas hermosas ilustraciones de la vida cotidiana simple en que abunda la Biblia. Lo que el niño no ha visto con deleite en la escena familiar de la granja en que la gallina de edad maternal, ante la menor amenaza de peligro, reúne a los pollitos debajo de ella Alas, cubriéndolos "con sus plumas", de cualquier daño posible. Así te protege Dios de todo peligro una vez que hayas elegido confiar en él. Su verdad será tu escudo y hebilla. Es el Conocimiento de la Verdad sobre Dios y el hombre que hace la demostración. Uno no hace algo con la Verdad Divina; es el conocimiento de esa Verdad que en sí misma sana la condición . S.M Conocerás la verdad, y la verdad te hará libre. No tendrás miedo por el terror de la noche; ni por la flecha que vuela de día; Ni para el pestilencia que anda en tinieblas; ni por la destrucción que se desperdició al mediodía. Estos dos Los versículos junto con el versículo 13, más abajo, constituyen un excelente análisis de la razón de ser del hombre. naturaleza psicologica Las características respectivas de nuestras mentes conscientes y subconscientes son: En contraste con la insuperable visión. A efectos prácticos, todos nuestros problemas pueden ser clasificados como Pertenecer a la mente consciente o subconsciente, y deben tratarse en consecuencia. La flecha que vuela de día y la destrucción que se desperdició al mediodía se refieren a cualquier dificultad de de los cuales usted es consciente, ya sea que la dificultad sea una dolencia física, un problema comercial, problemas con otra persona, o lo que no. El punto aquí es que eres consciente de la dificultad, y que estás buscando de una forma u otra superarla. Es, por así decirlo, un problema diurno. El terror nocturno y la pestilencia que camina en la oscuridad, por el contrario, implican algo. eso, desconocido para usted, está trabajando en su mente subconsciente, o, insospechado por usted en el mundo fuera de ti La psicología moderna ha demostrado de manera concluyente que la mayoría de nuestras dificultades tienen sus raíces lejos de la vista en las profundidades del subconsciente, y que estas mentes subconscientes, en De hecho, contienen una enorme cantidad de material cuya presencia poco sospechamos. Estos son de hecho Terrores de la noche mental y pestilencias de la oscuridad. En un sentido menos personal, se refieren a Cualquier peligro desde fuera de ti mismo del que puedas ignorar. Un inminente accidente, por ejemplo, vendría bajo este encabezado, o cualquier actividad hostil por parte de personas secretamente hostiles a tú. Si, digamos, un enemigo trabajara encubierto contra ti o, como sucede ocasionalmente, un enemigo Un socio comercial o un empleado actuaron en su detrimento, sin sospechar por usted, tales cosas vendría bajo este título de problemas ocultos. Caerán a tu lado mil y diez mil a tu diestra; pero no se acercará

El e. Solo con tus ojos mirarás y verás la recompensa de los impíos. Esta cláusula ha sidogravemente mal entendido. Se ha tomado para indicar algún tipo de favoritismo por parte de Dios, mientras que, por supuesto, tal cosa es completamente imposible. "No respetador de personas". Realmente significa sencillamente, esa oración cambia las cosas, los que oran se salvan de problemas que de lo contrario, los sobrepasa, y eso, de hecho, sobrepasa a los que no rezan. La palabra "malvado" originalmente significaba hechizado, y los malvados no necesariamente tienen que estar conscientes malhechores, pero son mucho más frecuentes solo aquellos que no confían en Dios, o problemas para decir sus oraciones, porque están hechizados o engañados por el materialismo, el ateísmo, o por simple La duda en la eficacia de la oración. Porque no rezan, no pueden esperar escapar de los problemas. y no logras hacerlo. Porque tú has hecho al Señor, que es mi refugio, incluso el Altísimo, tu morada; Ahí no te sobrevendrá mal, ni plaga se acercará a tu morada. Este es uno de los más Promesas definidas y concretas dadas en toda la Biblia. En todas las numerosas declaraciones de la la cercanía y la certeza de la ayuda de Dios, que abundan en las Escrituras, ni una es más precisa o más definido que esto. Dice que una vez que haya hecho de este Divino Poder Crístico su refugio, Viviendo regularmente en la conciencia espiritual, haciéndola tu habitación, ningún problema puede tocar. tú. ¿Podría la cosa posiblemente ser más puntual y convincente? La Biblia tiene un idioma propio, y en este idioma la palabra "promesa" es el nombre que se le da a una afirmación de alguna ley metafísica. No se usa en el sentido en que prometes a una persona. para hacer algo en una fecha futura, es decir, un acuerdo o promesa. Se supone tal promesa para ser una cuestión de elección por parte de su autor que dice en efecto: "Estoy dispuesto a hacer tal cosa La próxima semana o el próximo año. Ahora elijo aceptar hacerlo. "Por lo tanto, uno puede prometer pagar una suma de dinero dentro de seis meses, o uno puede prometerle a un niño que lo llevará a un espectáculo la próxima semana. Una biblia "promesa" es una declaración de una ley natural en la metafísica, tal como una "ley" de la física, como la de Boyle. La ley o la ley de Ohm es una declaración de las consecuencias, en el plano físico, que naturalmente seguir en ciertos otros acontecimientos. Entonces, una "promesa" de la Biblia es una declaración de las consecuencias que naturalmente se derivan de ciertas Pensamientos y estados de conciencia. Si la ley de Boyle estuviera escrita en el lenguaje bíblico, se leería algo como esto: "Vivo yo, dice el Señor, siempre que doble la presión de un gas, debes reducir a la mitad el volumen, la temperatura permanece constante ". En el lenguaje de las ciencias naturales, nuestra promesa bíblica se publicaría: "Al meditar regularmente sobre la Presencia de Dios contigo, y Dirigiendo tu vida de acuerdo con ese hecho, te vuelves inmune a cualquier tipo de peligro ". Porque Él hará que los ángeles se encarguen de ti, para que te guarden en todos tus caminos. Te llevarán en sus manos, que no tropieces con tu pie contra una piedra. Este es uno de los más bonitos de todos losPromesas en la Biblia. Por tierna belleza se encuentra solo. Vuelve a leerlo con cuidado y pregúntate. si el lenguaje humano podría decir algo más exquisito o prometer algo mas maravilloso. Él dará a sus ángeles la carga sobre ti para que te guarden en todos tus caminos, y espara ti y para mi Podría haber parecido apropiado que algunos extraordinarios o exaltados El ser debe recibir una escolta de ángeles, como guardaespaldas, para apoyarlo, para mantenerlo en todas sus funciones. formas. Pero la Biblia es el libro de Everyman, y esta promesa se da a usted y a mí. No sería malo si hicieras de este versículo único un tema de meditación cuidadosa todos los días. por un mes. Si, de esa manera, te dabas cuenta, por muy débil que fuera, el verdadero significado de esto promesa: que estarás a cargo de los ángeles y salvaguardado en todos tus caminos (no solamente en ciertos caminos, pero en todos tus caminos); salvaguardado para la salud corporal, para la comida, la ropa, el alquiler y la otras necesidades de la vida; por la correcta actividad y autoexpresión; para compañerismo agradable; resguardados de la tentación y del miedo también, ¡qué diferencia tan asombrosa haría esto! en tu vida. Pisarás el león y la víbora: el joven león y el dragón pisotearás los pies Habiendo cantado de la invencible protección y amorosa bondad de Dios en este glorioso estallido de poesía, el escritor inspirado ahora reitera la misma idea desde el punto de vista científico o psicológico de ver. Los grandes Iluminados que escribieron la Biblia bajo inspiración divina bien sabían todo el Enseñanza de la psicología moderna. Ellos entendieron la naturaleza humana como ningún otro maestro lo ha hecho lo entendieron, y lo escribieron a su manera, como ningún otro lo ha escrito antes o ya que. Las ideas concernientes a la mente subconsciente y la parte que juega en nuestro esquema de cosas, que últimamente han sido presentados por investigadores como Freud y Jung y otros, aunque la novela se parecen al mundo moderno, todos eran bastante familiares a los grandes Iniciados de la Biblia, es decir, para decir, las porciones de estas enseñanzas que son correctas, porque, por supuesto, están en muchos puntos en Varianza con el hecho. Moisés, Isaías, Juan y el autor de este salmo, por ejemplo, sabían todo lo que es ser conocido sobre la mente subconsciente y la forma en que funciona. Ellos sabían todo acerca de lo que llamamos complejos y neurosis, el motivo inconsciente, los fenómenos de disociación y división, y muchas otras cosas también que nuestros psicólogos aún no han descubierto. Aquí el salmista dibuja un mayor contraste entre el peligro subconsciente y el conscientemente Se dio cuenta de la dificultad, como un desarrollo de los versículos 5 y 6. Ahora es el sumador y el dragón. contra el leon El león representa una dificultad sobre la cual estamos informados; uno de los cuales somos Tan asustado que parece un león muy en nuestro camino. El león tiene sus faltas; él es de hecho extraordinariamente indeseable como compañero: feroz, despiadado, rápido como un relámpago, fuerte como el acero; pero dale crédito debe darse por una de las principales virtudes: él no es furtivo. Él se apresura a ti al aire libre; Sabes que Tienes que cumplir, y puedes tomar tus medidas. Qué diferente, por otro lado, es el ataque de la víbora, o serpiente; porque está oculto. Se desliza sobre ti en la oscuridad, y normalmente no tienes sentido de Peligro hasta que caiga el golpe. No puedes luchar directamente contra este enemigo, porque no puedes verlo. Aquí, Por supuesto, nuevamente reconocemos problemas subconscientes, y en la frase repetida y paralela, así característico de la poesía hebrea, el león se convierte en un león joven o particularmente vigoroso, y el sumador se convierte en un dragón, y este es el término bíblico para lo que en psicología moderna se llama un complejo. Un complejo es un grupo de ideas cargadas de emoción y escondidas en el mente subconsciente. Estas emociones usualmente tienen sus raíces en uno de los grandes instintos primarios de La naturaleza humana, y este hecho les otorga lo que a menudo es un poder terriblemente destructivo. Y aquí se les promete que sus complejos serán disueltos por la Verdad de Cristo, el Realización de Dios. Completamente disuelto. Completamente disperso. Pisoteado bajo los pies, es lo que dice. Frase empleada para expresar su completa aniquilación. No hay nada que se pueda hacer por El psicoanálisis o cualquier otra forma de psicoterapia que no pueda ser mejor realizada por Scientific La oración, o la práctica de la presencia de Dios. La oración, que es el llamado a Dios, a diferencia de cualquier forma de mero tratamiento mental, va directamente al lugar del problema, donde sea que se encuentre, Sin necesidad de ninguna dirección de su parte. Cuando rezas por alguna dificultad específica, basta la oración eliminará esa dificultad al eliminar su causa mental real, sea lo que sea o donde sea ser, aunque no sospeche en lo más mínimo la causa, o aunque sea erróneamente atribuyéndolo a una causa bastante incorrecta. Sin embargo, en el fondo de la vida subconsciente, los problemas pueden ser, la Verdad de Cristo lo encontrará y lo redimirá. (Él descendió al infierno. }Los tres últimos versos constituyen la estrofa final. Son en sí mismos un glorioso salmo de zumbidos. Alegría y triunfo. Incluso cuando se usan solos, forman un tratamiento espiritual completo y maravilloso. Aquí, una vez más, encontramos un cambio dramático en la presentación, con el objetivo de convencerlo. para expresar el YO SOY en la nota más alta. Así, tu simple oración gradualmente se convierte en nada. menos que el Logos, la Palabra creativa de Dios, hablada a través de ti. Porque él ha puesto su amor sobre mí, así lo libraré. Este es uno de esos gnómicos.dichos en los que abunda la Biblia, donde un océano de enseñanza se cristaliza en una frase. Es un declaración definitiva de que serás liberado de tu dificultad porque has establecido tu amor sobre dios Eso, definitivamente y simplemente. No hay nada hipotético o contingente aquí; no Las condiciones, ya sea expresadas o implícitas. La declaración indica el hecho realizado: La decisión fija, por así decirlo , lo entregaré. ¿Y por qué? Porque ha puesto su amor en él. me . "Pero, ay," puedes decir, "esto no puede aplicarse a mí, porque, para ser honesto, realmente no sientoCualquier sentido muy fuerte de amor por Dios. ¡Cómo me gustaría! Pero no lo hago. "A lo que la respuesta Es que tu amor por Dios no es una emoción. Realmente no tiene nada que ver con los sentimientos en absoluto. En estos asuntos la emoción es a menudo engañosa. Demostramos y demostramos nuestro amor a Dios por orar, y al negarse a reconocer que el error tiene algún poder sobre nosotros;

disminuyendo, fuera de lealtad a Dios, para aceptar cualquier cosa menos que la perfecta armonía que es Su Voluntad. Si me amas, guardad mis mandamientos . Por el mismo hecho de que ha estado orando acerca de una dificultad, vaa través de este salmo, por ejemplo, has estado poniendo tu amor sobre Dios, no importa cómo Deprimido o cuan dudoso te puedes haber sentido. Y, por lo tanto, Él te librará. Lo pondré en alto, porque él ha conocido mi nombre . En la Biblia el "nombre" de cualquier cosa.Significa la naturaleza o el carácter de esa cosa. Ahora la naturaleza de Dios es perfecta, omnipresente, todo Amor poderoso, sin límites, poderoso; y para "saber" esto se debe establecer en lo alto sobre todas sus dificultades: es decir, ser sacados de ellos, hacia la libertad, la seguridad y la felicidad. Esto es porque, en la Biblia El lenguaje, saber una cosa no es una mera aprehensión intelectual, sino que implica un cierto grado de Comprensión y realización. Entonces vemos que cuando, a través de nuestras oraciones, hemos logrado algunos Apreciación real de la totalidad de Dios, nuestros problemas desaparecen. Los últimos dos versículos recogen, por así decirlo, todas las implicaciones y promesas de esta maravillosa obra. estrofa, y preséntelos al corazón temeroso o dudoso como una canción de triunfo; consejo prometedor, y guía en la perplejidad, la salvación en problemas, y una carrera larga y alegre, que culminó en Triunfo espiritual completo. Él me llamará, y le responderé: Estaré con él en problema; Lo libraré y lo honraré. Con larga vida lo complaceré, y le mostraré mi salvación.

Capítulo 5 - Sigue siendo SALMO 46

1. Dios es nuestro refugio y fortaleza, una ayuda muy presente en problemas. 2. Por lo tanto, no temeremos, aunque la tierra sea removida, y aunque las montañas sean transportadas en medio del mar; 3. Aunque sus aguas rugen y se turben, las montañas tiemblan con la hinchazón. en esto. Selah 4. Hay un río, cuyas corrientes alegrarán la ciudad de Dios, el lugar santo de la Tabernáculos del Altísimo. 5. Dios está en medio de ella; ella no será movida: Dios la ayudará, y ese derecho temprano. 6. Los paganos se enfurecieron, los reinos se conmovieron: pronunció su voz, la tierra se derritió. 7. El Señor de los ejércitos está con nosotros; El Dios de Jacob es nuestro refugio. Selah 8. Ven, mira las obras del Señor, qué desolaciones ha hecho en la tierra. 9. Él hace que las guerras cesen hasta el fin de la tierra; Rompió el arco y cortó la lanza. romper; quema el carro en el fuego. 10. Estad quietos, y sabed que yo soy Dios: seré exaltado entre los paganos, seré exaltado en el tierra. 11. El Señor de los ejércitos está con nosotros; El Dios de Jacob es nuestro refugio. Selah LA Biblia enseña la Verdad espiritual de muchas maneras diferentes. Da una enseñanza directa sobre Dios, como Claro y preciso como cualquier libro de filosofía que haya sido escrito. Expone el Gran Mensaje. indirectamente a través de la narrativa histórica y por medio de estudios biográficos, ya que la Biblia incluye El conjunto de biografías humanas más maravilloso e interesante que se haya escrito. Contiene una colección incomparable de ensayos y tratados sobre la naturaleza de Dios y la naturaleza del hombre, la Los poderes del alma, y el sentido de la vida. Considere la sección de apertura de Juan en el Evangelio, por ejemplo, o

el capítulo 11 de Hebreos, o el 12 y 13 de Corintios I, o el 5, 6, y 7 de Mateo, por nombrar solo algunos. Cada uno de estos capítulos de forma diferente da directa y Sencilla enseñanza de la verdad, insuperable en cualquier trabajo fuera de la Biblia. Pero es en sus oraciones y tratamientos que la Biblia es trascendente. Contiene un gran número de las oraciones más grandes que se hayan escrito, comenzando, por supuesto, con lo que llamamos la "Oración del Señor" - oraciones como las que nunca se han encontrado en ningún otro lugar, ya que van hasta las profundidades de El alma humana, que satisface todas las necesidades que puedan surgir, y proporciona todo temperamento posible. y cualquier contingencia concebible, de hecho, atienden a "todo tipo y condición de los hombres". Entre todas las oraciones hermosas y profundas de la Biblia no hay ninguna que supere la Poema maravilloso que llamamos el cuadragésimo sexto salmo. Este es un tratamiento inspirado que permitirá Usted para superar cualquier tipo de dificultad; si puedes sintonizarte al nivel; de conciencia a lo que se logra. Es el tratamiento supremo de la Biblia contra el miedo. Ahora el objeto de la oración o el tratamiento es precisamente esta elevación de la conciencia, y un buen La oración es el instrumento que nos permite hacerlo. No debemos esperar comenzar nuestra oración con una realización. Si ya nos dimos cuenta, no deberíamos necesitar la ayuda de la oración; hacemos No necesitamos una escalera de tijera para alcanzar una altura en la que ya estamos colocados. La escalera se emplea en Para permitirnos elevarnos, paso a paso, a una altura sobre el suelo al que nuestra los músculos solos

nunca nos llevarían; Y así, una buena oración es una
escalera en la que podemos aumente gradualmente desde
el bajo nivel de miedo, duda y dificultad, hasta la altura
espiritual donde estos Las cosas se derriten en la Luz de la
Verdad. Nuestro salmo comienza, al igual que casi todas las
oraciones de la Biblia, con una expresión de fe en Dios. Esto
es Muy importante en la práctica. Necesitas afirmar
constantemente que crees en Dios, no simplemente como
un concepto abstracto vago, pero como un poder real,
vívido, real en la vida, siempre disponible para ser
contactado en el pensamiento; Nunca cambiando y nunca
fallando. No se puede enfatizar demasiado que No es
suficiente dar esto por sentado. No es suficiente aceptar la
Verdad de una vez por todas, o una vez por semana; debes
reafirmarlo continuamente en pensamiento, y en palabras
si es necesario. Debes recuerde constantemente que acepta
esta posición, que cree en ella y que su la convicción es lo
suficientemente buena como para construir tu vida y tus
esperanzas. Todo esto es tratamiento, y muy Tratamiento
poderoso también. Es el tratamiento lo que realmente
cambia el alma al limpiar aquellos Miedos subconscientes
que son la causa de todas tus dificultades. Y así, el escritor
inspirado comienza su oración diciendo, sin rodeos, que
Dios es nuestro refugio y nuestra fortaleza, un Ayuda muy
presente en problemas . Verás que no se permite ninguna
duda sobre esto. Él no sueña con adoptar la actitud tímida,
casi apologética, que parecen algunos de los modernos
teólogos. pensar apropiadamente en el trato con Dios. Él
dice firmemente que Dios ES, que existe ciertamente; y
luego enumera tres hechos concernientes a Dios. Él dice

que Él es nuestro refugio; el dice que el es nuestra fuerza; y él dice que Él es "una ayuda muy presente en problemas". Este verso es realmente tremendo, ¿no es así? Si atravesamos la corteza de familiaridad que tiende a ocultar el significado real. de nosotros, y estudie estas palabras con una mente fresca, nos sorprenderemos, creo, de todo lo que implicar. Tenga en cuenta que dice que Dios es nuestro refugio. Él no dice que tal sea muy bien el caso, o que es una esperanza piadosa sobre la cual estamos justificados en inclinarse; pero eso, sencillo y regordete, Dios es nuestro refugio. Ahora detente un momento para considerar todo lo que Dios es. Repasar brevemente, en este punto, los aspectos principales. y los atributos de Dios tal como los conoces, y luego consideras que este Ser Infinito es nuestro refugio. Es decir, este Poder Ilimitado de Sabiduría y Amor es un refugio al que podemos acudir en cualquier tipo de dificultad Muchas almas devotas han pensado en Dios como una casa poderosa distante en el los cielos, para ser temidos y temidos; pero la Biblia dice por el contrario que Dios es un refugio para aquellos en dificultad. Luego dice que este Poder Omnipotente es nada menos que nuestra fuerza. Esto trae el Idea casa aún más vívidamente. Dios no es simplemente un poder inigualable que vendrá a nuestro rescate, sino que Él realmente será nuestra propia fuerza, operando a través de nosotros para superar las dificultades cuando invocadlo de la manera correcta. Cada estudiante de la Verdad debe entender que Dios siempre actúa a través de nosotros al cambiar nuestra conciencia. Aprendemos en la metafísica divina que Dios nunca hace nada por nosotros o por nosotros, sinosiempre a través de nosotros . El escritor lleva estos puntos a la casa de la manera bíblica familiar añadiendo, "unAyuda muy presente en problemas ". La afirmación de apertura es seguida, de la manera más científica, por un excelente ejemplo del uso De lo que se llama en metafísica la "negación". Los siguientes dos versos son una negación de que hay alguna poder en condiciones para hacernos ser, o hacer, o someternos a, cualquier cosa que no sea la completa, completa Armonía que es la Divina Voluntad para todos nosotros. Dice, por lo tanto, no temeremos, como sigue lógicamente. en nuestra afirmación de apertura, aunque la tierra sea removida, y aunque las montañas sean transportadas en medio del mar; Aunque sus aguas ruge y se turban, aunque las montañas Agitar con la hinchazón del mismo. La "tierra", por supuesto, significa manifestación. Es el término de la Biblia para toda manifestación de uno, o expresión: el cuerpo, el hogar, la vida empresarial, los parientes y asociados, todos están sujetos a la Título de la tierra o la tierra. Sabemos que todas estas cosas externas no son más que la expresión de lo interno. estados de conciencia, y aquí el salmista nos hace decir que aunque la tierra sea removida, A pesar de que todas estas cosas externas parecen deshacerse, nuestra salud se deteriora, nuestro dinero desaparece. Nuestros amigos nos abandonan, pero no vamos a tener miedo. Esta actitud es extraordinariamente valiosa. Cuando las cosas van mal, declare constantemente que no va a tener miedo ni ser intimidado. por cualquier condición exterior. Cuanto más miedo tengas, más necesidad hay de hacer esto. El momento más importante para decir: "Dios es mi refugio, no voy a tener miedo", es cuando tu Las rodillas están golpeando juntas. El salmista dice que aunque las montañas sean llevadas a la mitad del mar, y las aguas rueden y tiembla hasta que las mismas montañas parecen temblar, él no va a tener miedo. los montaña, en la Biblia, siempre significa oración, la conciencia elevada, y esta cláusula nos hace declaran que incluso cuando en medio de nuestras oraciones las cosas empeoran, por lo que las oraciones mismas están casi inundadas por nuestro terror, o duda, o desesperación; sin embargo vamos a sostener a la verdad acerca de Dios, sabiendo que aunque sean después de cuarenta días, las aguas calmarse, si tan solo nos aferramos al pensamiento de Dios. Las aguas, por supuesto, son siempre las humanas. La personalidad, y más especialmente las emociones. El hombre que escribió esto, estaremos de acuerdo, no tenía un pequeño conocimiento del corazón humano, su Dificultades, y si es necesario. Hay un río, las corrientes de las cuales alegrarán la ciudad de Dios, el lugar santo de la Tabernáculos del Altísimo . Este es el río capital mencionado varias veces en las Escrituras; la Río de vida que fluye del trono de Dios. Significa la comprensión de la Verdad que es verdaderamente Las "aguas de la vida" a quienes la alcanzan. El río como símbolo es bastante interesante. Principalmente representa el propósito Un río significa propósito porque siempre va a alguna parte. Un rio no Permanezca en un lugar, como un lago o incluso un océano, pero siempre está en camino a un destino. En esto Respetar es un verdadero tipo de vida dedicada que se supone que todo estudiante de la Verdad Divina es vivo. En esta enseñanza, si realmente significa algo para nosotros, ya no estamos a la deriva como un registro a merced de la marea, pero definitivamente se dirigen por el camino de la comprensión y la libertad. "La Ciudad de Dios" es la conciencia del hombre. Tu conciencia, que es tu identidad en la vida, es Llamada "ciudad" en la Biblia. "Excepto que el Señor guarde la ciudad, el vigilante despierta, pero en vano". Ahora La conciencia en la que la Luz de la Verdad comienza a brillar nuevamente después de un ataque de miedo o la infelicidad, es una ciudad purificada por ese río sagrado, y se convierte en una ciudad alegre, una ciudad de Dios o buena, un lugar santo para los tabernáculos del Altísimo. Dios está ciertamente en medio de tal ciudad, y cuando Dios, es decir, nuestra realización de Dios, está en medio de nuestra conciencia, entonces verdaderamente No seremos movidos. Dios está en medio de ella; ella no será movida: Dios la ayudará, y ese derecho temprano . aquí el salmista agrega uno de esos toques simples, expresados en el lenguaje más directo e infantil, Que van directo al corazón. Él dice: "Dios la ayudará, y ese derecho temprano". Esta hermosa La promesa debe eliminar los últimos rastros de miedo y duda que puedan persistir en los rincones oscuros de la alma. El ritmo métrico del poema se conserva mediante una reiteración del tema general en la próxima verso. Los paganos se enfurecieron, los reinos se conmovieron: pronunció su voz, la tierra se derritió . los Sobrino, no hace falta decirlo, significa tus propios pensamientos erróneos, esos miedos, dudas, auto-reproches y defectos de todo tipo que se interponen entre usted y su realización de Dios: los paganos fuerzas que atacan la ciudad santa de tu alma, a veces la asedian durante días y semanas, y A veces incluso la captura y la ocupa por un tiempo. Solo por un tiempo, sin embargo, si mantienes firme a Dios por medio de la oración constante, tarde o temprano, tan ciertamente como vive Dios, el reino del error será movido. Él "pronunciará su voz" a través de sus oraciones y afirmaciones, y su salvación ven. La tercera y última estrofa de nuestro tratamiento es un ejercicio de acción de gracias y alabanza. Estas biblias Los tratamientos se construyen con el mayor cuidado y de la manera más científica. Por lo general, aunque no siempre, porque no debe haber reglas duras y rápidas en la oración, comienzan con una afirmación de fe en Dios. Luego analizan el miedo y la preocupación, mostrando que Dios no tiene parte en tales cosas, y que nosotros, por lo tanto, no es necesario temerlos. Continúan recordándonos el amor, el poder y la sabiduría de Dios. y de nuestra capacidad, como hijos de Dios, para invocar Su poder en cualquier tipo de peligro o problema. Hacen que estas verdades sean vívidas para nosotros con una habilidad literaria insuperable utilizando las imágenes más diversas y ejemplos para ese fin; y luego comúnmente terminan, como las oraciones casi siempre deberían, con una canción de alabanza y acción de gracias. Ahora el salmista nos hace decir: El Señor de los ejércitos está con nosotros; El Dios de Jacob es nuestro refugio. Esta destruye el sentimiento de que Dios está lejos. El "Señor de los ejércitos" es el título para Dios que destaca su Gran poder y fuerza. Es el aspecto de omnipotencia de Dios, deberíamos decir técnicamente. Así que aquí estamosdeclare que la omnipotencia está con nosotros y que trabaja a través de nosotros; y agrega con cuidado que también es el dios de jacob Ahora Jacob representa el alma que aún no ha sido redimida, el alma sigue luchando. En dificultad e imperfección consciente. Israel, "el Príncipe de Dios", es el alma que ha realizado su Naturaleza divina; pero Jacob todavía está en medio de sus problemas. Así que el salmista aquí nos recuerda que Dios es el Gran Poder, el Señor de los Ejércitos, tanto para Jacob como para Israel. Ven, mira las obras del Señor, qué desolaciones ha hecho en la tierra. El hace guerras para cesar hasta el fin de la tierra; él quebrantó el arco y cortó la lanza; el arde El carro en el fuego. Aquí continúa con acción de gracias, diciendo, en efecto: Consideremos elEl poder y la gloria de este Dios que siempre está con nosotros. cómo su acción en la oración transforma nuestra condiciona, y hace desolados, o destruye, nuestros problemas y preocupaciones; cómo hace las guerras, una nombre espléndido para esa preocupación y estofado en la miseria que ensucia la vida de tantas personas, para cesa en cada parte de nuestra conciencia; cómo Él desarma todas las cosas que tememos, no solo por el momento, quitándolos del camino, pero destruyendo absolutamente cualquier poder que hayan tenía. Cuando capturaste un regimiento enemigo en esos días, rompiste sus arcos y sus lanzas, y quemaron sus carros, los pusieron fuera de acción bastante completamente. Ese regimiento podría nunca te molestes de nuevo Estad quietos, y sabed que yo soy Dios: seré exaltado entre los paganos, seré exaltado en el

tierra.Esta es probablemente la frase más maravillosa de toda la Biblia. Realmente es el todoBiblia en pocas palabras, "Estad quietos, y sabed que yo soy Dios". Esto es lo último que queremos. hacer cuando estamos preocupados o ansiosos. La corriente del pensamiento humano que san Pablo llama carnal. La mente nos apresura a sus propios fines, y parece mucho más fácil nadar con ella aceptando dificultades, al ensayar las quejas, al detenerse en los síntomas, que alejarse resueltamente de Piensa en estas cosas y contempla a Dios, que es la única forma de salir de problemas. Prepárese para superar esta marea de errores apresurada: el error siempre es apresurado; para barrerte tus pies son su estrategia maestra, y; dar la espalda a las condiciones, por muy malas que puedan Mira, quédate quieto, y sabe que soy Dios. Incluso en tus oraciones hay un momento para un tratamiento vigoroso, y también hay un momento para dejar de estar activo. trabajar y, "habiendo hecho todo, estar de pie", estar quieto y saber que soy Dios. Esto, por supuesto, no significa simplemente no hacer nada, o irse a preocuparse por algunos Lo secular como leer una novela o un periódico. Todavía no se sabe que Dios es Dios . Tal "quietud" es el reverso de la pereza o la inacción. Los que aún habitan en Dios, los más callados, pero los La acción más potente de todas. El Señor de los ejércitos está con nosotros; El Dios de Jacob es nuestro refugio. Aquí de nuevo la simetría métrica obliga.El poeta cerrará su maravilloso poema con una repetición del tema general. Espiritualmente, también, es un El final más poderoso y efectivo de nuestra oración. El dios del poder que ayuda a los débiles y frágiles. Los mortales en el día de problemas trabajando a través de nosotros, y así todo estará bien. Nota: La palabra Selah no es parte del poema en sí, sino una dirección escénica para los músicos del templo que cantaron Salmos como parte de una liturgia. Tener miedo es tener más fe en el mal que en Dios.

Capítulo 6 - LUZ Y SALVACIÓN. SALMO 27

1. El Señor es mi luz y mi salvación; ¿A quien temeré? El Señor es la fortaleza de mi vida; de ¿A quién tendré miedo? 2. Cuando los impíos, aun mis enemigos y mis enemigos, vinieron sobre mí para comerme mi carne, tropezó y cayó. 3. Aunque un ejército acampe contra mí, mi corazón no temerá: aunque la guerra se levante. En mi contra, en esto estaré confiado. 4. Una cosa he deseado del Señor, la cual buscaré; para que yo pueda habitar en la casa del Señor todos los días de mi vida, para contemplar la belleza del Señor y para preguntar en su templo. 5. Porque en el tiempo de angustia me ocultará en su pabellón: en el secreto de su tabernáculo escondeme; él me pondrá sobre una roca. 6. Y ahora mi cabeza se levantará sobre los enemigos que me rodean: por lo tanto, ofreceré en su tabernáculo sacrificios de alegría; Cantaré, sí, cantaré alabanzas al Señor. 7. Oye, Señor, cuando lloro con mi voz: ten piedad de mí, y contéstame. 8. Cuando dijiste: Buscad mi rostro; Mi corazón te dijo: Tu rostro, Señor, buscaré. 9. No escondas tu rostro lejos de mí; No guardes a tu siervo en ira; tú has sido mi ayuda; salir Yo no, ni me desampares, oh Dios de mi salvación. 10. Cuando mi padre y mi madre me abandonen, entonces el Señor me levantará. 11. Enséñame tu camino, oh Señor, y guíame por un camino llano, a causa de mis enemigos. 12. No me entregues a la voluntad de mis enemigos; porque falsos testigos se han alzado contra mí. y como espirar la crueldad. 13. Me había desmayado, a

menos que hubiera creído ver la bondad del Señor en la tierra de los vivos. 14. Espera en el Señor: ten buen coraje, y él fortalecerá tu corazón: espera, te digo, en la Señor. El vigésimo séptimo salmo es uno de los grandes tratamientos o meditaciones en la Biblia. El tratamiento es Un término técnico conveniente que usamos para la oración científica, que está dirigido a la superación de un Dificultad específica. Cuando un problema de cualquier tipo entra en la vida de uno es porque hemos permitido nuestra conciencia caiga al nivel donde el miedo y la limitación pueden alcanzarnos. Un tratamiento consiste en trabajando en la conciencia de uno para elevarlo al nivel espiritual donde el problema, sea cual sea, desaparece Cualquier actividad mental que nos permita elevar así el estándar espiritual del alma es una forma de oración, y la Biblia abunda en tales formas. El historial de un problema o una dificultad suele ser el siguiente: el estudiante está preocupado por algo, o se sienten enfermos Tan pronto como se dan cuenta de lo que ha sucedido, debido a su conocimiento de la Verdad, rechazar aceptar la condición en su valor nominal de la manera en que la mayoría de las personas lo hacen, y proceder, en uno de una manera u otra, tal vez con la ayuda de una oración como esta, para lograr la elevación necesaria de su pensamiento. Ellos leen el Salmo cuidadosamente, lo interpretan espiritualmente, dejan que su mente se detenga sobre los principios enunciados, se apropian de ellos mismos, y repudian lo negativo Sugerencia, cualquiera que sea, recuperando así su tranquilidad. Y cuando esto ha sido Cumplido, el problema se encuentra para desaparecer. El Señor es mi luz y mi salvación; ¿A quien temeré? El Señor es la fortaleza de mi vida;

¿A quién tendré miedo? Este verso es un pequeño tratamiento perfecto en sí mismo; De hecho, es uno de los textos más completos de la toda la biblia Es un texto que bien podría estar escrito en los portales de cada iglesia y cada La escuela en la tierra, porque dentro de ella está contenida en un embrión el mensaje completo de Jesucristo. Considera lo que dice. Postula no solo la existencia de Dios, sino la Presencia viva de Dios. en el hombre, porque el Señor aquí significa tu propio Cristo que mora, el Yo Soy. Luego pasa a afirmar que Dios en ti, la Luz Interna, no es una mera presencia pasiva o estática, sino un poder dinámico para hacer Todo para ti que posiblemente necesites haber hecho. Solo considera lo que esta frase Promesas: luz, salvación y fortaleza. Usted encontrará que estas tres palabras cubren completamente todo lo que el hombre necesita, porque realmente significa comprensión, poder y demostración, y ¿qué más se puede pedir que eso? Para empezar con la luz. "No hay oscuridad sino ignorancia", y en el último análisis todos los humanos Las debilidades y las tribulaciones no son más que una falta de la Luz Divina. "Luz, más luz", dijo el muriendo Goethe, y ese ha sido el grito intuitivo de la humanidad a lo largo de toda su historia. Pero dios es Luz, la Biblia nos dice, y en Él no hay oscuridad en absoluto; y Jesús dijo: "Yo soy la luz de la mundo ". Si analiza su propia vida, seguramente encontrará que muchos de sus los problemas surgieron sin culpa intencional tuya sino a través de tu ignorancia o inexperiencia, o a través de su deseo de darse cuenta de la implicación de alguna situación que tuvo que enfrentar. En otras palabras, sufriste por falta de luz. Bueno, aquí la Biblia explica que lo divino. El poder en ti será tu luz y podrás entrenarte para utilizarla como tal en cualquier momento que lo necesita. El Señor es la fortaleza de mi vida. Habiéndonos prometido luz, el Salmo ahora promete fuerza o poder. Debemos tener poder hacer lo que tengamos que hacer, cumplir lo que tengamos que enfrentar, abordar cualquier problema o Dificultad que puede presentarse en nuestras vidas. De hecho, estamos "dotados con el poder de alto "y ya no necesitamos confiar en nuestros propios esfuerzos inadecuados. Dios nos mostrará en cualquier momento la El significado de cualquier cosa que debamos entender, nos mostrará en cualquier momento qué es lo que debemos para hacer, y Él nos proporcionará fuerza divina para hacerlo. Este maravilloso versículo resume su gran mensaje en la palabra "salvación", que, por supuesto, significa armonía y demostración en todos los sentidos; y con la penetrante habilidad psicológica por lo característica de la Biblia cuando trata con el alma del hombre, nos obliga a preguntarnos, punto En blanco, de lo que ahora hay que temer. Y cualquiera que acepte el local difícilmente tendrá cualquier problema para llegar a la conclusión de que no hay nada que temer, porque Dios vive y reina, y entonces la parte posterior del problema ya está rota. Cuando los impíos, incluso mis enemigos y mis enemigos vinieron sobre mí para comerme mi carne, tropezaron y Cayo. Por supuesto, "los malvados" y "mis enemigos", como siempre en la Biblia, defienden nuestros propios pensamientos, por miedos y dudas de todo tipo; y de verdad, a veces vienen sobre nosotros como si "para come nuestra carne ": la mayoría de las personas en algún momento u otro han sido demasiado dolorosamente conscientes de la La aptitud de este símil revelador y aquí se les promete que tropezarán y caerán. Aunque una hostia acampe contra mí, mi corazón no debe temer: aunque la guerra se levante contra.

Yo, en esto voy a tener confianza. Aquí el salmista reitera su confianza y nos hace, sus lectores,reitera la nuestra. Él nos hace decir que los corazones no temerán, y también nos hace creerlo, y puede ¿Piensas en una seguridad más bella en el mundo que solo esa: "mi corazón no temerá"? Cuando pueda decir en voz baja y sincera a cualquier hora del día o de la noche, "mi corazón no temerá". el mundo no tiene más poder sobre ti, eres libre. Guerra de varios tipos puede levantarse contra usted, pero tendrá confianza; y por lo tanto serás victorioso. Una cosa he deseado del Señor, que buscaré; para que yo pueda habitar en la casa del Señor todos los días de mi vida, para contemplar la belleza del Señor y para preguntar en su templo. - para en el en el tiempo de angustia me ocultará en su pabellón; en el secreto de su tabernáculo me ocultará; él me pondrá sobre una roca. Estos dos versos constituyen una expresión notable de lo que a menudo se llama el segundo nacimiento. Brevemente, esto significa que un hombre o una mujer ha dado el paso más importante que un ser humano puede dar. Tomar, ese paso vital en comparación con el que todas las demás experiencias son relativamente menores importancia. El nuevo nacimiento o segundo nacimiento, o como le complacerá llamarlo, significa que entienda claramente y acepte definitivamente el hecho de que nada importa excepto la sintonía con Dios. Cuando puedes decir honestamente: "Ahora me doy cuenta de que nada en la vida es realmente importante, excepto que recibo mi sintonía consciente con Dios, porque cuando tengo eso, todo lo demás seguirá correctamente, y hasta que consiga que nada más pueda ser correcto, y voy a hacer todo lo demás. secundario a eso, "entonces realmente has experimentado el nuevo nacimiento si la realización en sí misma tiene Sin embargo, llegó o no. Cuando has llegado a esa etapa no permites que ocurra ningún acontecimiento externo. realmente para entristecerte, o asustarte, o herirte muy profundamente, porque sabes eso externo Las cosas no son más que sombras pasajeras de no importancia permanente. Y ahora porque no pueden atar. Tú no te pueden lastimar, y por eso eres libre. Y por encima de todo no se permite el retraso de la la realización misma para inquietarte o desanimarte en lo más mínimo porque conoces la Verdad, incluso si no lo sientas Esta firme determinación de morar en la casa del Señor, contemplar Su belleza y aprender. Sus secretos, significa que estás sobre una roca y que tu casa de la vida está segura (ver Mateo 7: 24-27). Y ahora mi cabeza se alzará sobre los enemigos que me rodean: por tanto, ofreceré Su tabernáculo se sacrifica de alegría; Cantaré, sí, cantaré alabanzas al Señor. Este verso cierra la primera sección del tratamiento con un estallido de alabanza y agradecimiento que Es tan poderoso para la demostración. Cantar en la Biblia es siempre la expresión suprema de alegría y La exaltación, como sabemos. Notamos aquí que "tener tu cabeza levantada sobre tus enemigos" no es Simplemente una figura gráfica de la victoria, pero es un importante símbolo metafísico. La cabeza es la corporal. expresión del poder del hombre de conocer la Verdad Divina, su facultad de Cristo, la llamamos, y es, por supuesto, Por supuesto, por un aumento de la comprensión de eso, superamos la limitación. Escucha, Señor, cuando lloro con mi voz: ten piedad también de mí, y contéstame. Cuando dijiste: Buscad mi rostro; Mi corazón te dijo: Tu rostro, Señor, buscaré. No escondas tu rostro lejos de mí; No guardes a tu siervo en ira; tú has sido mi ayuda; Déjame No, ni me desampares, oh Dios de mi salvación. Cuando mi padre y mi madre me abandonen, entonces el Señor me levantará. El salmista aquí emplea la forma dramática de dirigirse a Dios. Esto da vívida la oración. e intensidad; pero realmente está afirmando que Dios nos escucha cuando "lloramos con nuestra voz" o "habla la Palabra", como diríamos. Él continúa reclamando de diferentes maneras que Dios responde. oración. La forma afirmativa real es usualmente la forma más efectiva para curar una enfermedad definitiva. condición; pero no dude en dirigirse a Dios cuando se sienta tan inclinado. No abandones ningún tipo. de la oración. De hecho, no renuncie a nada en su vida religiosa que encuentre útil. Esta La Verdad de Cristo viene a nosotros no para destruir sino para cumplir; No para robarnos nada bueno, sino para darnos. más y más de todo lo bueno. Buscad mi rostro . Por supuesto, esto no significa que Dios tenga una cara limitada y material como un hombre o mujer. Es un símbolo muy conocido. Es cierto que en muchos de los grandes cuadros clásicos, Dios es representado como un hombre, generalmente un hombre alrededor de los sesenta años de edad y con barba. Pero esto Era una convención artística bien entendida. Se suponía que un hombre a esa edad había alcanzado el grado máximo de sabiduría, por lo que fue realmente una forma simbólica de expresar la Sabiduría Divina. La cara, de hecho, simboliza el poder del reconocimiento. En la vida cotidiana es por la cara que nos Reconocer a las personas, no usualmente por sus manos o pies, por ejemplo, y buscar el rostro de Dios. significa buscar un reconocimiento de la Presencia de Dios hasta el punto de realización, para que lo "conozcamos". por experimentarlo. Cuando encontramos una dificultad para obtener nuestro contacto espiritual, es como si Dios había escondido su rostro. Por supuesto, Dios nunca hace eso, pero permitimos un velo de egoísmo, duda y Miedo a interponerse entre nosotros y él. La gente a veces habla de que el sol ha "entrado" cuando realmente significa que una nube se ha interpuesto entre el sol y ellos, pero, por supuesto, todos saben que El sol brilla sin cambios en el otro lado de la nube. El salmista ahora afirma firmemente este hecho de que Dios no puede y no "ocultará su rostro" de su niños, y él vuelve a su punto de partida diciendo que incluso si su padre y su madre fueran a desertar Él, Dios no lo haría. En el Oriente, donde el vínculo familiar es tan fuerte que anula todo Consideraciones personales y privadas, esta es una afirmación muy reveladora. En otras palabras, esta sección del tratamiento nos muestra que las dudas y los temores pueden asaltar al salmista. en medio de su oración, como nos asaltan todos a veces, pero que los encuentra y los vence en El camino científico. Enséñame tu camino, oh Señor, y guíame por un camino llano, a causa de mis enemigos. No me entregues a la voluntad de mis enemigos; porque falsos testigos se han levantado contra mí, y tales como respirar la crueldad. ; El salmista ahora ora por la comprensión espiritual y por la paz mental. Los enemigos, como siempre, son sus propios temores, y estos temores aumentan en el hecho de que los "falsos testigos" se levantan y confrontarlo Y nadie que haya pasado por esta experiencia dudará de lo apropiado de esa frase reveladora de que nuestros miedos son cosas "como respirar crueldad". En verdad, la duda y el miedo son. Las cosas más crudas que pueden entrar en la vida del hombre. Me había desmayado, a menos que hubiera creído ver la bondad del Señor en la tierra de los vivos. Espera en el Señor: ten buen coraje, y él fortalecerá tu corazón: espera, te digo, en el Señor. Aquí, el salmista siguiendo el juego rítmico y la interacción del pensamiento, característico de la La Biblia, una vez más, le deja claro a su propia mente que su confianza está, de hecho, completamente en lo Divino. Poder, y no sobre sus propios recursos limitados, su intelecto o su fuerza de voluntad, por ejemplo. Él dice que si no hubiera creído que Dios haría el milagro necesario, no tendría Esperaba que sucediera en absoluto.

La frase final es una poderosa exhortación a ser activo y firme en la oración, que usted debe Siempre orar y no desmayar. "Esperar en el Señor" no significa en absoluto descuidar a un problema con la esperanza de que Dios venga y lo resuelva por usted. Significa intensificar espiritual actividad. Esperar en el Señor significa orar constante y sistemáticamente por tu problema. El efecto de esto será "fortalecer tu corazón", lo que significa que recibirás aliento y poder para continuar tus oraciones; y que tu conciencia sea gradualmente cambiado hasta que su problema desaparece por completo en la realización de la armonía restaurada y paz. Así responde Dios a la oración.

Capítulo 7 - LAS PUERTAS ETERNAS SALMO 24

1. La tierra es del Señor, y su plenitud; El mundo, y los que en él habitan. 2. Porque la fundó sobre los mares, y la estableció sobre las inundaciones. 3. ¿Quién subirá al monte del Señor? ¿O quién estará en su lugar santo? 4. El que tiene las manos limpias, y el corazón puro; el que no alzó su alma a la vanidad, Jurado con engaño. 5. Él recibirá la bendición del Señor, y la justicia del Dios de su salvación. 6. Esta es la generación de los que lo buscan, que buscan tu rostro, oh Jacob. Selah 7. Alza tus cabezas, oh puertas; Y alzaos, puertas eternas; y el rey de la gloria entrará. 8. ¿Quién es este Rey de gloria? El Señor fuerte y poderoso, el Señor poderoso en la batalla. 9. Alza tus cabezas, oh puertas; Levántalos, puertas eternas. y el rey de la gloria entrará. 10. ¿Quién es este Rey de gloria? El Señor de los ejércitos, él es el Rey de la gloria. Selah TODO a través de la Biblia se nos enseña que la demostración de armonía, es decir, salud, prosperidad, y la felicidad, es la Voluntad de Dios para el hombre; Porque hasta que no haya alcanzado la armonía integral, el hombre no es expresar a Dios, y expresar a Dios es su destino. El vigésimo cuarto Salmo es el gran resumen de la enseñanza bíblica sobre este tema. En el lenguaje bíblico único que explica la armonía, que es el

verdadero significado de la salvación; y analiza en De una manera magistral, como solo la Biblia puede, las causas que producen armonía. En su forma literaria la El salmo es un magnífico poema en prosa en cinco estrofas. El primer verso constituye un conciso, y, en el mismo tiempo, declaración exhaustiva de la gran ley metafísica. Consideremos lo que realmente dice, o, en otras palabras, traduzcamos los términos técnicos empleados en la fraseología común de vida moderna. El verso de apertura forma una de las frases más conocidas en las Escrituras. La tierra es del Señor, y su plenitud; El mundo, y los que en él habitan. Estas palabras se citan constantemente en todo tipo de ocasiones, pero el contexto en el que se utilizan rara vez da evidencia de cualquier comprensión espiritual de su verdadera importancia. En el peor de los casos, he visto. Usados como un intento de consuelo ante la muerte o de una gran desgracia financiera. los La implicación parece ser que como todo pertenece a Dios, Él tiene derecho a destruir todo lo que Él satisface sin consultar los sentimientos de la humanidad. En el mejor de los casos, se toman en el sentido de piadoso, sino más bien vago, reconocimiento de Dios como la fuente general de nuestro suministro. Por supuesto, incluso el el reconocimiento más vago de este hecho primario es mejor que ningún reconocimiento en absoluto; pero a menos que tengamos un Definida, la comprensión científica del significado subyacente de las palabras, no derivaremos ninguna real sacar provecho de ellos. Para suponer que Dios, la Gran Fuente, la Sustancia en sí misma, podría causar, o incluso respaldar la muerte o desgracia, es el error mortal que se encuentra en la raíz de todos nuestros problemas; y es característico de la mente carnal para pervertir un texto que, por encima de la mayoría de los demás en la Biblia, explica la verdadera Ley de Vida y prosperidad. Esta mente carnal, como la llama San Pablo, no es, por supuesto, nada más que la nuestra.

Manera de pensar restringida e ignorante. Ser ignorante de las leyes de la vida, o malinterpretar. ellos no pueden, es verdad, cambiar esas leyes; Pero puede y nos causa sufrimiento y privación de de todo tipo, incluso a la creencia de la muerte misma, hasta que se corrijan tales hábitos de pensamiento. La clave del verdadero significado de esta primera estrofa se encuentra en las dos palabras fundamentales, "Señor" y "Tierra", y aquí, desde el principio, debemos hacer una pausa y preguntarnos qué entendemos por Señor. "Dios, por supuesto", diremos, y eso es cierto; pero en la Biblia la palabra "Señor", como regla, significa Dios en el sentido especial de nuestro propio Cristo residente; nuestra propia identidad verdadera, la divina Chispa, el YO SOY. Así que este versículo declara, de una vez por todas, que la "tierra" que, como sabemos, es una El término general que abarca toda nuestra expresión o manifestación, está bajo la jurisdicción del YO SOY. Ahora, todos los problemas de todo tipo realmente surgen de la creencia de que la "tierra" está sujeta a la dominio de algún poder o ley exterior que sea capaz de gobernarlo independientemente del YO SOY, o de Destrúyelo por completo. Pero la Ley del Ser es que el hombre es la imagen y semejanza de Dios, y tiene dominio total sobre todas sus condiciones, todas ellas, y nuestro Salmo enfatiza este hecho maravilloso Añadiendo el mundo y los que en él habitan . Nuestra tierra, que es nuestro mundo, hasta cada uno.El detalle de nuestras vidas, está realmente bajo nuestro propio dominio, y está hecho y deshecho por nuestra palabra. Porque la fundó sobre los mares, y la estableció sobre las inundaciones. ¿Quién subirá a la colina del Señor? ¿O quién estará en su lugar santo? El que tiene las manos limpias y el corazón puro. el que no alzó su alma hasta la vanidad, ni juró. engañosamente La colina del Señor, o su lugar santo, significa la realización de Dios. Es ese sentido vívido y real de La Presencia, esa maravillosa experiencia de seguridad y alegría que es verdaderamente la paz que pasa todo. comprensión. Cuando uno llega a esto, saben que todo está bien y que nada puede Cualquier medio los hirió. En esos momentos también tienen un maravilloso poder de ayuda y curación. otros. Este estado mental es realmente la única cosa que vale la pena poseer, para tener eso, uno tiene todos; y faltando eso, uno no tiene nada. Alcanzar este estado es el verdadero objeto de todas nuestras oraciones y tratos. No es nada menos que el dominio que se nos promete en Génesis; y aqui la biblia nos inculca esta verdad y también nos enseña cómo debemos obtenerla. De hecho, es un lugar "santo". Porque nada contaminado de ninguna manera nos puede alcanzar allí. La enfermedad, la pobreza y el pecado no pueden entrar; ese es decir, no podemos sentir que tales cosas son reales mientras estamos en este estado mental, y tan pronto como sea posible. Sentimos que no lo son; Reales, desaparecen en la nada. El escritor inspirado luego nos cuenta cómo debemos incorporarnos a este maravilloso conciencia, y es espléndido observar que él hace un punto de afirmar que se basa en Los mares, y establecido sobre las inundaciones. Esto significa que la gente como nosotros con todo tipo de limitaciones y dificultades son las mismas personas a las que se dirige la promesa, y que a pesar de todas nuestras deficiencias podemos alcanzarla también; porque está fundada sobre las aguas, y el agua siempre está el alma humana tal como la conocemos, sujeta, como somos muy tristemente conscientes, a tormentas, inundaciones y A veces incluso los tifones. Entonces vemos que no hay la menor razón para desanimarse; simplemente porque la demostración actual parece ser muy pobre y el poder espiritual parece enteramente carente. No importa, porque la alta conciencia se construye sobre mares tan tormentosos como esta. "Muchas aguas no pueden apagar el amor, ni las inundaciones pueden ahogarlo". Habiendo indicado así, como La Biblia hace en casi todas las páginas, que la salvación de Dios es para todos y para todos, "el el hombre caminante, aunque un tonto no se equivocará en esto, "continúa en su forma práctica habitual de explicar Exactamente cómo se debe hacer la cosa. Dice que para la gran tarea necesitamos manos limpias y un puro. Corazón, y que no debemos elevar nuestras almas a la vanidad, ni jurar engañosamente. Estas instrucciones son Definitivamente definitivo, y nos costará estudiarlos con cierto detalle. Primero en orden lógico viene la necesidad de un corazón puro: "Bienaventurados los de corazón puro, porque veremos a Dios "Supongo que solo una familiaridad de por vida con esta afirmación nos ciega a su importancia asombrosa Solo trata de comprender por un momento lo que se dice aquí: "verán Dios. "Piense lo que eso debe significar, y piense si un precio puede ser demasiado para pagar por eso. experiencia — para ver a dios Bueno, la Biblia promete que en ciertos términos el hombre caminante, usted y yo, puedo ver a Dios. Por supuesto, comprenderá que no hay duda de "ver a Dios" con Los ojos físicos cuando uno ve a un hombre o una casa. Con los ojos físicos solo se puede ver lo físico. cosas, y Dios es Espíritu, y las cosas espirituales tienen que ser discernidas espiritualmente. Además, espiritual la percepción no es una cuestión de aprehender esquemas y superficies como lo es la vista física. Espiritual La percepción es la experiencia espiritual directa en la que el sujeto y el percipiente se vuelven uno. Por lo tanto, ver a Dios significa, en la medida en que nuestro discurso humano restringido y paralizado puede expresar la cosa en absoluto: la realización de la unidad esencial perfecta con la Divina bondad en sí misma. ¿Pero quiénes son los puros de corazón? En el uso bíblico del término, las palabras "puro" y "pureza" no son Confinada a la pureza física, absolutamente esencial tal como es; Se expanden para incluir la libertad. De todo tipo de error y limitación. Ahora todo error surge de una creencia en la posibilidad de un causa diferente a Dios, y así, fundamentalmente, pureza significa completa lealtad a la creencia en uno única, omnipotente, causa omnipotente, que es absolutamente buena: Dios, nuestro Padre, que está en cielo. Creer en Dios como la única causa, y rechazar absolutamente cualquier reclamo por una causa menor de cualquier tipo; negarse a conceder el poder de la causalidad a cosas tales como el clima, los gérmenes, los artificiales leyes médicas, o leyes de pobreza o decadencia; Negarse a conceder la realidad a las limitaciones de la raza. tiempo y espacio; y, ante las apariencias, a juzgar el juicio justo, y sostener inquebrantable a la única causa, esto es pureza. En la Biblia, el corazón generalmente representa lo que llamamos la mente subconsciente, y es nuestra Mentalidad subconsciente que tenemos que redimir y purificar. Mantener la mentalidad consciente. leal al Poder Único es solo la mitad de la batalla, aunque es la primera y por lo tanto la más importante mitad. La otra mitad es purificar y reeducar el subconsciente a partir de los errores que tienen Acumulado allí en el transcurso del tiempo. Si hacemos este trabajo fielmente, tarde o temprano Llegue al punto donde realmente tenemos un corazón puro en el sentido bíblico completo, y luego veremos Dios. Jesús había llegado a esta etapa cuando dijo "el príncipe de este mundo viene y encuentra nada en mí ", lo que significa que su subconsciencia estaba tan purificada que los pensamientos sin limitación podría tener algún efecto sobre él; aunque en un momento estuvo "en todos los puntos tentados como nosotros". Esta purificación del alma, no solo de los pecados más gruesos que todos reconocen, sino de Las mil y una concesiones a la creencia limitada que llenan la vida cotidiana de la humanidad, es la Una y única vía a la libertad. Es un maravilloso comienzo cuando aceptamos la Base Espiritual. de la totalidad de Dios; pero es solo cuando hemos comenzado a aplicar esta verdad en cada detalle práctico. de nuestras vidas, día tras día, cuando no estamos en el humor para hacerlo tan bien como cuando estamos, que Realmente empezamos a obtener resultados. Esto es tener "manos limpias". La mano es siempre el poder de manifestación o expresión, y a menos que nuestra expresión, nuestro pensamiento de todo el día, sea "limpia", es decir Digamos, espirituales y verdaderos, que no tenemos las manos limpias, y no podemos esperar ascender tan maravilloso. "Cerro del Señor". Esta maravillosa lección recibe su énfasis por repetición en una forma ligeramente diferente, como en el Tradición literaria hebrea. Entonces se nos dice que los redimidos, o salvos, es el que no da su alma hasta la vanidad, otra forma de decir que uno no busca su felicidad para manifestarse En lugar de Causar, o creer en más causas que la Única. Jurar engañosamente es pinchar tu Fe al error, a tener una convicción real, como tantas personas tienen, de que el mal es verdadero. Él recibirá la bendición del Señor, envía justicia del Dios de su salvación. Esta es la generación de los que lo buscan, los que buscan tu rostro, oh Jacob. Selah Para muchos puede parecer que la purificación del corazón, o la redención del subconsciente, Ser una tarea larga y cansada, pero debemos recordar que cuando oramos es Dios quien trabaja. y no nosotros, y que las tareas difíciles o imposibles para nosotros no le presenten ninguna dificultad. Si vas a usar El poder de la Palabra para declarar que Dios te está purificando, que Dios te está liberando, que Dios es Al inspirarte e iluminarte, te sorprenderás de las dificultades aparentemente imposibles. superar; cómo desaparecerán los viejos hábitos de pensamiento y los nuevos; y esto es porque tu Recibirá su justicia, o pensamiento correcto, de parte de Dios. Has "buscado su rostro", y Bajo la Gran Ley, debes comenzar a expresar algo de Su naturaleza, porque siempre crecemos como a lo que contemplamos. Aquí la expresión "O Jacob" significa "Oh Dios de Jacob". Alza tus cabezas, oh puertas; Y alzaos, puertas eternas; y el rey de gloria Adelante. ¿Quién es este Rey de gloria? El Señor fuerte y poderoso, el Señor poderoso en la batalla. Alza tus cabezas, oh puertas; Levántalos, puertas eternas. y el rey de gloria Adelante. ¿Quién es este Rey de gloria? El Señor de los ejércitos, él es el Rey de la gloria. Selah Esta, la tercera estrofa del poema, es una declaración gloriosa del poder de la oración. No lo es exagerando al decir que es probablemente el tributo más glorioso al poder de la oración que se haya escrito. Puertas y puertas siempre simbolizan la comprensión. Un pequeño pensamiento mostrará la buena lógica de esto. La puerta o puerta es el lugar por donde pasamos dentro o fuera de una ciudad, dentro o fuera de una casa, o un campo, desde una habitación a otra, y así sucesivamente. En otras palabras, marca un cambio de conciencia. El lugar en el que estás en cualquier momento es realmente el estado de conciencia que tienes en este momento, y lo que conocemos como movimiento a través del espacio de un lugar a otro, de Europa a América, o desde el comedor al salón, es realmente un cambio parcial de conciencia. Por supuesto, el único cambio de este tipo que tiene algún valor verdadero es el absoluto. cambio provocado por un aumento en la comprensión de la Verdad, y cada vez que ganamos Tal incremento entramos en una nueva etapa en el Sendero. Levanta la cabeza, oh puertas, es un dramático,manera de decirnos que es solo por el logro de un mayor grado de comprensión que el Rey de gloria, la vívida realización de

Dios que estamos buscando, puede llegar a nuestras almas. Las puertas y se les dice a las puertas que levanten sus cabezas, es decir, que se vuelvan más elevadas. Para que pueda haber No hay espacio posible para ningún malentendido de la gran importancia del mensaje, luego se nos dice para preguntarnos quién es el Rey de Gloria y para qué representa Él; y nos impresiona que Él no es nada menos que el Señor, y que Él es fuerte y poderoso en la batalla. No solo una figura decorativa Potente, pero un hombre de guerra, y la batalla que Él lucha, por supuesto, es nuestra batalla por la superación de El pecado, la enfermedad y la muerte. El poeta concluye con la reafirmación de que el poder que contactamos en la oración es el Señor de Anfitriones, que es el término bíblico para el aspecto de Dios como poder. Estos tratamientos bíblicos no son meros ejercicios literarios; Son métodos definidos para llevar sobre un cambio en la conciencia. Eso significa que es de poca utilidad simplemente leer uno de ellos. A través de apresuradamente y luego lo puso a un lado. Un tratamiento como este salmo debe leerse lentamente muchas veces. A medida que lee, debe hacer una pausa con frecuencia para ser receptivo por un momento con el fin de para dar una oportunidad de inspiración para venir a través. No hagas estas pausas demasiado largas. Pausa para un instantáneo, largo o corto, según si usted es un pensador lento o rápido, y luego, si nada viene, sigue leyendo. Siempre, al leer la Biblia, ponga entre líneas, por así decirlo, el pensamiento de que Dios es inspirándote Esta es la manera de obtener iluminación directa sobre la enseñanza de la Biblia, de primera mano. Recuerde que las interpretaciones de la

Biblia de otras personas, sin embargo, son útiles y estimulantes. puede ser, nunca puede ser tan valioso como los que obtienes para ti. La Biblia te dará nueva. y maravilloso conocimiento que tiene una relación directa con sus propios problemas personales y privados y dificultades, si solo lo hicieras posible adoptando la actitud mental correcta. Cuando sus métodos habituales de tratar un problema no parecen estar dando resultados, es un buen plan descontinuarlos por un tiempo y trabajar exclusivamente por inspiración. Esto puede Comience abriendo la Biblia al azar y leyendo los textos en los que se encuentra su ojo. Si el primero La página abierta no le interesa, pruebe en otro lugar y continúe haciéndolo hasta que encuentre Algo que te da una nueva luz. Note cuidadosamente, sin embargo, que es un cambio en la conciencia. que está buscando ahora, un cambio que le permitirá orar de manera más fresca y eficaz, y ser más sensible receptivo. Ahora no estás buscando instrucciones prácticas precisas. No tomar la redacción de cualquier texto literalmente como una dirección para la conducta, ya que tal práctica termina fácilmente en superstición. Es la letra de la Biblia que mata, el espíritu que da luz.

Capítulo 8 - Daniel en los leones.

La historia de Daniel en el foso de los leones es una de la media docena de historias más conocidas en la Biblia. yo Imagina que son muy pocas las personas que no lo han escuchado. Es un favorito en particular con el niños, y los niños son grandes jueces de poder literario y dramático, ya que todos saben quiénes tienen Alguna vez traté de entretener a uno de ellos con una historia. Ahora aprendemos de la enseñanza de Jesucristo que No hay tal cosa como la casualidad. Todo sucede de acuerdo con la ley de causa y efecto, y, por lo tanto, cuando se encuentra que una historia o una leyenda tiene una circulación mundial, y cuando esa circulación continúa generación tras generación, sabemos que debe contener algo de Gran importancia para la humanidad. Así es con la historia de la gran demostración de Daniel. Contiene dentro de ella, una maravillosa lección de la Verdad del Ser, y durante todos estos siglos ha ayudado y consoló a millones de personas, a pesar de que no tenían la clave científica para su significado.

Consideremos ahora en detalle algunos de los puntos principales de la historia tal como se presenta en el Capítulo 6 de Daniel. Se nos dice que Daniel se hizo como se llamaría hoy en día. Canciller, o jefe de Estado, bajo Darío. Esta fue una posición de gran honor y Responsabilidad, pero también una que implica un gran peligro personal para el titular. Uno no podía ocupar tal oficina sin hacer muchos enemigos poderosos, y en ese antiguo mundo oriental ellos estaban dispuestos a hacer el trabajo corto de funcionarios incómodos en lugares altos, más particularmente cuando el El titular era un extranjero. La espada o daga, veneno administrado en los alimentos, e incluso a través de En tales casos, se utilizaba libremente ropa como guantes o botas, y, sobre todo, La intriga política fue utilizada para poner al oficial odioso a su fin. En el caso de Daniel se nos dice que se llevó a cabo una trama cuidadosamente diseñada, que colocó su patrón, Darius, en la posición de ser absolutamente indefenso para salvar a Daniel. Tales conspiradores lo harían tener en cuenta el carácter del monarca al establecer sus planes. Una mente pequeña, celosa. El hombre sería manejado de una manera, un fanático religioso en otra. Darius, que no era ninguno de estos. Las cosas, pero un formalista intelectual de tipo rígido, estaban atrapados en su propia debilidad. Daniel fue arrestados, llevados a una fosa de leones y arrojados. Tal fosa de animales salvajes seguramente sería encontrados cerca de la mayoría de los palacios orientales de aquellos días, los animales se requieren en parte para su exhibición en parte, como en el presente caso, para proporcionar ejemplos aterradores de castigo político. Daniel sin embargo, en lugar de ser rápidamente despedazado, permaneció intacto, y en su momento fue Liberado de la guarida de los leones sin apenas un rasguño. Comprendido espiritualmente, esta es una de las mejores lecciones de la Biblia. Daniel es Everyman. los La historia de su gran tribulación es la historia de cualquier dificultad que pueda entrar en tu vida o en la mía. Por cierto, es la historia de toda tu experiencia humana en general, pero se aplica también a Cada dificultad individual que tienes que superar. Recuerda que cada problema individual que Debes enfrentarte como un pequeño modelo, por así decirlo, del gran problema de superar a nuestros humanos. la creencia en la limitación, la enfermedad, el pecado y la muerte, que en teología se llama la Caída del Hombre. Cuando algún gran problema o problema entra en tu vida, estás, en sentido figurado, arrojado en un pozo de leones, y muchos corazones temerosos han sentido que esta es realmente una descripción muy gráfica de El estado mental que han experimentado.

Ahora, busquemos la clave de la historia y la encontraremos aquí en el versículo 10. Daniel había adquirido El hábito de la oración . Daniel era un hombre que practicaba la Presencia de Dios, no de vez en cuando, sinoconstantemente y regularmente Este verso es muy esclarecedor. Se nos dice que Daniel sabía que el Se firmó la orden de detención. (Cuando trabajas y rezas regularmente, a lo largo de la derecha líneas, siempre llegarás a conocer cualquier cosa que sea necesario que debas saber; Vas a no se deje sorprender.) Daniel sabía que los problemas estaban pendientes e inmediatamente comenzó a orando, o tratando, al respecto. Él no pronunció una afirmación una o dos veces y esperaba que El trabajo, como un conjuro. Oró, aclarando su conciencia, tres veces al día. "Su ventanas abiertas en su cámara hacia Jerusalén. " Por supuesto, la" cámara "es el" secretolugar "de Jesús, o la conciencia de uno. Jerusalén es siempre la parte más alta de la naturaleza del hombre o la personalidad, menos la realización real de Dios; Y así Daniel, tres veces al día, se entregó. Pensó en Dios y elevó su pensamiento tan alto como le fue posible. Nadie puede hacer más que esto. Es un error pensar que debes obtener una realización maravillosamente vívida del Espíritu para poder superar cualquier dificultad. La oración te sacará de tu dificultad si obtienes alguna realización o no. Siempre puedes abrir tu ventana hacia Jerusalén. Si asciendes al monte Sion, que es la realización de Dios mismo, no está en tus manos, el giro hacia Jerusalén hace. En el mismo verso dice "como lo hizo antes". Esto nos dice

que Daniel tenía la costumbre de hacerlo.rezando
cientificamente Algunas personas solo rezan cuando están
en problemas, y luego, naturalmente, lo hacen No me
resulta fácil conseguir ningún tipo de contacto. Uno no
esperaría practicar solo en el piano. De vez en cuando, y sin
embargo jugar bien en cualquier ocasión deseada. Daniel
hizo una práctica regular de oración. y la meditación tres
veces al día, y cuando llegó la hora oscura, esta práctica
estuvo a su lado. Él Sabía de antemano que los problemas
se avecinaban. Probablemente sabía casi exactamente lo
que sería. Y lo encontró trabajando constantemente en su
propia conciencia para deshacerse del miedo. El
probablemente logró hacer esto incluso antes de su arresto,
y fue capaz de regocijarse en la victoria mucho antes de la
La propia victoria hizo su aparición. Por supuesto, las causas
reales de todos nuestros problemas se encuentran dentro
de nosotros mismos. Los únicos enemigos que tenemos
para A la larga, vencidos son nuestros propios miedos,
dudas, egoísmo, etc. Estos están tipificados por El rey Darío
y los conspiradores. Todos tus enemigos están dentro de ti:
"Los enemigos de un hombre serán los de su propia casa ".
Darío representa, en particular, nuestra creencia en el
poder de lo externoMundo para limitarnos o herirnos. Él no
representa ninguna de las cosas que normalmente se
llaman mal, sino más bien nuestra creencia limitante en el
carácter fijo e inmutable de las cosas externas que son en sí
mismas bueno. La verdad es que ninguna condición externa
tiene ningún poder en sí misma, ninguna ley externa
necesita atarnos, cuando apelamos a la suprema Ley de
Cristo de la libertad y la armonía divinas; pero no sabemos,

o olvidamos esta gran verdad, y así seguimos creyendo y sometiéndonos a todo tipo de supuestos Leyes de limitación. Creemos que somos demasiado viejos para hacer algo que podríamos hacer muy bien. Nosotros cree que un cierto clima puede afectar adversamente a nuestros cuerpos, cuando en verdad no tiene tal poder. yo Conocía a un hombre en Londres que trabajaba para el gobierno municipal, un servicio que es Envuelto en burocracia y restricciones de todo tipo. Sintiendo este hecho con agudeza, se quedó. en una posición subordinada durante tres años a través de estar bajo la impresión de que sus calificaciones no lo admitió a un cierto grado superior, cuyo trabajo sabía que podía hacer muy bien. Después de estos tres años, se enteró accidentalmente de que, de hecho, no había ninguna regulación como la que había se supone que debe evitar que ocupe un puesto así, y él lo solicitó de inmediato, y fue nombrado, Con un considerable aumento de sueldo. Este es un ejemplo de una creencia en una limitación externa que en La realidad pudo haber sido superada en cualquier momento. Es un buen ejemplo de Darío. El supuesto La regla concerniente a las calificaciones no era, incluso supuestamente, una cosa mala como la deshonestidad, el engaño o Asesinato, pero una regla, buena intención de asegurar el nombramiento de personas adecuadas. Los conspiradores representan cosas esencialmente malas, como los pecados mencionados anteriormente, y por supuesto Everyman tiene que tener en cuenta con estos también. "La ley de los medos y persas, que no se altera" Es una expresión espléndida de nuestra noción habitual de que estas limitaciones externas son imposibles de superar, de que hay cosas y condiciones que simplemente tenemos que "soportar". Hay una imagen bien conocida de Daniel en la guarida de los Leones, que ciertamente fue pintada por un Artista inspirado. La mayoría de mis lectores lo sabrán, y siempre guardo una copia en mi habitación. Daniel ¡Se muestra no mirando a los leones, sino dándoles la espalda! ¡Qué lección de oración científica! o Tratamiento; lo que he llamado en otro lugar "la llave de oro". Cuanto más pensamos sobre cualquier Dificultad, cuanto más lo amplificamos, y mirar a nuestros leones hace que crezcan y crezcan hasta que Son tan grandes como los elefantes. Se muestra a Daniel mirando hacia arriba hacia la luz, una representación gráfica. de la Práctica de la Presencia, y los leones, en lugar de parecer feroces o enojados, parecen buenos Bastantes de humor cuando pasean o se quedan de pie mirándolo con curiosidad. Los que han tenido mucho que ver con los animales salvajes en su jungla nativa siempre insisten en que no hay animales salvajes. El animal atacará a un hombre que no le tenga miedo. En la India se cuentan muchas historias de verdaderos yoguis (es decir, Aquellos que siguen el Rajah o Yoga real, que es la búsqueda de una reunión con Dios, y no solo la adquisición del poder para jugar trucos en el plano etérico) que viven entre tigres y otras bestias de presas en perfecta seguridad, y la Biblia misma nos dice que llegará un momento en que el león mentirá Abajo el cordero, porque el hombre ha recibido temor, odio, celos y condenación. de su propio corazón, y por lo tanto ha cambiado todo el clima moral y espiritual de este planeta. Cuando estás en problemas, eres Daniel en el foso de los Leones. Los leones parecerán terriblemente feroces; pero reza hasta que el miedo comience a irse; sigue conociendo la Verdad, ante todas las apariencias; y tu saldrá sano y salvo de la guarida de los leones, sin un solo rasguño, como hizo Daniel. No mas saldrás más fuerte y mejor para la prueba, porque no hay problema que encontremos en la luz La verdad nunca nos deja donde nos encontró. Cada problema así superado es un paso definitivo hacia arriba. En el crecimiento del alma. Es significativo, ¿no es así, que no poder acusar a Daniel de ninguna de las transgresiones ordinarias? sus enemigos demostraron sin lugar a dudas que Daniel era un hombre que se negó a adorar (para creer o confiar en cualquier poder que no sea DIOS. A la vista del mundo esto era una ofensa procesable, pero a la luz de la Verdad, se mostró que era la salvación de Daniel. Cuanto más se continúa en la enseñanza de la Verdad, más convencido se vuelve el hecho de que este es un mundo mental, y el dominio del hombre se encuentra dentro de su propia mentalidad. Cuando una vez tengamos Comprendí este hecho claramente y decidimos ponerlo en funcionamiento en nuestras vidas, parece como aunque nuestras dificultades habían terminado, y teóricamente este podría ser el caso. En la práctica, sin embargo, pide la vigilancia más rígida y persistente de nuestra parte, si no queremos estar constantemente alejándose del verdadero camino del pensamiento correcto. "Velad y orad", dijo Jesús, sabiendo cuán sutil. Son las tentaciones de alejarse en viejos errores. "El precio de la libertad es la vigilancia eterna", dijo un antiguo sabio, y nunca fue tan verdadero como en la vida del alma. Si realmente desea demostrar

salud, felicidad y verdadera prosperidad, y todos los
estudiantes de La verdad sabe que es su deber demostrar
estas cosas tan pronto como sea posible: usted debe
reservar un tiempo definido todos los días para orar y
meditar, y para verificar su estado físico. Propia conducta y
demostración diaria, o falta de demostración. Debes dirigir
los asuntos de Tu alma de una manera profesional.
Demasiadas personas religiosas no se dan cuenta de que el
negocio de el crecimiento espiritual requiere orden, método
y organización inteligente, tanto como lo hace cualquier
negocio comercial o empresa de ingeniería, o cualquier otra
actividad importante, si ha de ser una éxito. * * Los quince
puntos deben estudiarse sobre este tema (consulte el
Capítulo 31 de este libro). Tan grande es el poder de la
oración que no solo lo sacará de ninguna dificultad, sino
también las cosas en usted mismo que produjo esa
dificultad será completamente destruido para siempre, con
todos sus asociados pensamientos y miedos; y todas las
consecuencias o efectos colaterales que puedan surgir del
problema. se cuidará también a sí mismo ", y romperá todos
sus huesos en pedazos o nunca llegarán a la parte inferior
de la guarida ". No hay final para una oración. Se hace eco
para siempre en tu alma. Mucho después de la
manifestación visible. se ha hecho y olvidado, la oración que
lo produjo continúa trabajando para su espiritualidad
Avance, porque el poder creador de un pensamiento de
Dios es ilimitado y eterno.

Capítulo 9 - EL JARDÍN DE ALLAH. ISAIAH, 35

No hay dios sino dios . Corán No tendrás dioses ajenos

delante de mí . Biblia Incluso aquellos que más aman la Biblia están dispuestos a cometer el error de considerarla simplemente como un libro, el mejor libro jamás escrito, sin duda, pero sigue siendo un libro; mientras que la verdad sobre la Biblia es que es realmente un vórtice espiritual en el que el poder espiritual brota del Plano Absoluto o Divino En el plano físico o plano de manifestación. Pero la Biblia no solo es la gran fuente de verdad espiritual, sino también la mayor colección de Las obras maestras literarias que poseemos. Casi todas las formas literarias están representadas en la Biblia, tanto En prosa y poesía. Historia, biografía, filosofía, la historia corta en su perfección, releer algunos De las parábolas, por ejemplo, la épica, e incluso esa forma supuestamente moderna, la novela, son todas encontrado allí. El Libro de Job es realmente una obra de teatro; y Revelación es un drama en forma tan extraña y sin embargo, sigue siendo casi incomprensible para la mayoría de las personas, sin embargo mucho pueden apreciar sus detalles separados. Por encima de todo, la Biblia abunda en oraciones o tratamientos hermosos y poderosos, y esto solo hace Es para nosotros el libro más importante del mundo. Esto es porque la oración es realmente la única cosa que importa La única forma en que el hombre puede mejorarse a sí mismo oa sus condiciones, obtener un mejor conocimiento. de Dios, salvo su alma, en resumen, es por la oración. La oración, en efecto, es la única acción real que existe; es decir Para decirlo, es la única acción que hace las cosas diferentes. Cada vez que oras, cambias tu alma para mejor. Si la oración es muy corta o el grado de realización muy pobre, el cambio que produce puede ser pequeño, pero ocurre. No pudo por ningún En cualquier circunstancia, es posible que cualquier hombre o mujer pueda orar por un momento. sin algún resultado para un buen seguimiento. Cada vez que oras, toda tu vida subsiguiente es, como un consecuencia, algo diferente de lo que hubiera sido si no hubieras orado. Ahora la oración es lo único que cambia la calidad del alma. Cualquier otra actividad que pueda hacer. un cambio cuantitativo en el alma al agregar experiencia, o al ampliar el fondo de conocimiento de uno; Pero no cambia la calidad. Sólo la oración hace eso, y es la calidad del alma la que determina el destino de uno Mientras no haya un cambio cualitativo en su alma, usted, bajo cualquier circunstancia, dirá o haga lo que una persona como usted diría o haría en tal caso, porque nunca Realmente actuar fuera de personaje. Nunca somos otros que nosotros mismos. Cuando tratamos de ser distintos de a nosotros mismos por un esfuerzo de voluntad humana, simplemente estamos siendo nosotros mismos aún más por eso. Sin embargo, cuando oras, por ese acto te conviertes en al menos un hombre o mujer ligeramente diferente y, por lo tanto, todas sus actividades posteriores son diferentes también. Así que la oración es lo único que importa. La palabra "tratamiento" es un término técnico que muchos de nosotros usamos para la oración que se dirige a la superar una dificultad específica y práctica, y la Biblia está llena de oraciones y tratamientos de Cada clase. Cuando te encuentres en algún tipo de problema, no importa cuál sea, ya sea que pienses que es causado por la conducta de otra persona, o si siente que es culpa suya, o si Parece que no es culpa de nadie; En cualquier caso, lo único que puede hacer es darse un capricho al respecto. Si usted se da un tratamiento eficiente, o puede ser que sean necesarios varios tratamientos entonces la dificultad, sea lo que sea, desaparecerá de inmediato y te encontrarás fuera de tu problema. En otras palabras, su oración será "contestada" o, como decimos con frecuencia, usted hará su demostración. Pero ¿qué es un tratamiento? Bueno, brevemente, un tratamiento significa que recuerdas y te das cuenta de la Verdad. acerca de Dios hasta que haya producido un cambio en su propia conciencia, con lo cual, como un Como resultado de este cambio en ti, las cosas externas también cambian por completo. Tenga en cuenta en particular que este no significa simplemente que ganas valor o fortaleza para enfrentar tus dificultades con un nuevo espíritu. Eso sería mejor que nada, pero no mucho mejor. El hecho tremendo es que la oración lo hace. cambiar las cosas Como consecuencia del cambio en su mentalidad que resulta de su tratamiento, Las condiciones externas cambian por completo. Otras personas cambian su conducta y su actitud hacia tú. Las cosas desagradables que de otro modo habrían sucedido no suceden, y las cosas buenas que no hubiera sucedido si no hubiera orado, suceda, hecho solo por la oración. Oración cambia las cosas Ahora, ¿cómo se debe lograr el cambio necesario en la conciencia? O, en otras palabras, cómo es un tratamiento hecho? Bueno, lo primero que hay que darse cuenta es que repetir una forma de palabras rara vez es Cualquier uso en absoluto. (Eso es mejor que nada si debería estar tan asustado o preocupado que no pueda hacer algo mas De hecho, aferrarse a una sola frase puede ser lo único que puede ahorrar en una gran emergencia pero afortunadamente una condición tan extrema es muy excepcional. Es el cambio. en el sentimiento y la convicción que importa. Cualquier medio que provoque esto y cualquier otro medio. Lo hace más rápido, es el mejor tratamiento. Todo lo que elevará tu conciencia de lo inferior El nivel de problemas para el nivel más alto de libertad es un tratamiento. En muchos casos los tranquilos, reflexivos. La repetición de ciertas afirmaciones de verdad es suficiente, como: "Estoy rodeado de amor y Paz de Dios "; o" La Inteligencia Divina me abre el camino ". A veces, y especialmente si eres fieles en la oración y la meditación diarias, el mero "sentimiento" momentáneo hacia Dios aclarará la la dificultad más formidable con la rapidez de un rayo; sintiéndose en pensamiento, es decir, sin formular ninguna palabra en absoluto. La lectura de una página de cualquier libro espiritual que apela a Usted o, sobre todo, unos pocos versos o un capítulo de la Biblia a menudo constituye el más poderoso tratamiento. Es por esta razón que la Biblia tiene tantas oraciones y tratamientos incluidos en su páginas El arreglo literario en el que hemos recibido nuestra Biblia es muy engañoso en muchos instancias. Las divisiones en capítulos y versos se hicieron comparativamente recientemente. El original los escritores no tenían nada que ver con eso, y se hizo de una manera arbitraria que pagó muy poca atención al tema en cuestión. Así sucede que con un escritor, como Isaías, por Por ejemplo, sus trabajos se han ejecutado juntos con poca o ninguna consideración a la secuencia del tema o orden cronológico, y luego, por así decirlo, cortado en longitudes aproximadamente iguales que son Capítulos llamados. Además de esto, una gran cantidad de material, espléndido en sí mismo pero que no pertenece a El profeta llamado Isaías, ha sido incluido. Por supuesto, esto no hace ninguna diferencia práctica en absoluto, ya que siempre que lo sepamos. El verdadero escritor de cualquier cosa en la Biblia no importa lo más mínimo, Porque el verdadero autor de todo esto es el Espíritu Santo. Una de las mejores oraciones o tratamientos jamás escritos se incluye entre los escritos de Isaías, y Nosotros lo conocemos como Capítulo 35. Este número de capítulo, como hemos visto, es puramente arbitrario. designacion. El capítulo en sí no tiene nada en particular que ver con el Capítulo 34 o el Capítulo 36. Ese número no tiene un significado más intrínseco que el número que un libro puede tener en el estante de un biblioteca. Como este capítulo constituye un tratamiento particularmente hermoso y efectivo para cualquier propósito, Ahora lo consideraremos con cierto detalle. Lo primero que notamos es que en su forma literaria es una gloriosa rapsodia poética. El escritor, en Al contemplar la maravilla y el amor de Dios, se eleva a un calor blanco de exaltación espiritual. los zapatos de plomo del miedo y la duda de que el hombre pegado a la tierra en su vida cotidiana se desechan, y él se eleva sobre los piñones de la Inspiración Divina en la región donde todas sus pequeñas limitaciones y Las desventajas se desvanecen en el esplendor de la Divina Presencia. Por el momento deja atrás de él. Todo lo pequeño y malo que guarda a un hombre de Dios, de la alegría y la libertad. Y como él tiene logró consagrar esta experiencia trascendente en palabras que aún hoy viven y brillan con gran parte de su propio éxtasis divino original, nos es posible usar esta oración con entendimiento espiritual, para encender nuestra propia antorcha del mismo fuego, y, si podemos sintonizarnos con su nota, para trascender también cualquier dificultad particular o grupo de dificultades que puedan ser nos oprime El desierto y el lugar solitario se alegrarán por ellos; y el desierto se regocijará, y Florece como la rosa . Lo primero que nos sorprende aquí es que el escritor es, por supuesto, como toda la Biblia.Los escritores son, un oriental, y por lo tanto, dará su mensaje en el idioma y el idioma de la Orientar. Esto es tan obvio que no sería necesario mencionar que no sabíamos cuántos Los europeos y estadounidenses hasta la última generación tenían la costumbre de tomar todas las El símil oriental y el florecimiento en su valor nominal, ya menudo intentan aplicarlo con la mayor literalidad. a alguna condición de vida en Londres, o Manchester, o Chicago. Él comienza su oración de la mejor manera posible que una oración puede comenzar, por un espléndido acto de fe en Dios. Comience siempre sus oraciones con un acto de fe. Recuerda que Jesús nos dice que la fe en el El amor de Dios literalmente moverá montañas. Y así nuestro Profeta Oriental comienza con lo que es. Sin duda la mayor afirmación de la fe en Dios de la que es capaz un oriental. Mira a dios y llora: se alegrarán el desierto y el lugar solitario. . . y el desierto se alegrará y Florece como la rosa. Piénsalo; El desierto oriental para convertirse en un jardín, para florecer como una rosa, para serUn centro de prosperidad y riqueza. Nada en nuestra experiencia humana puede parecer menos en la cara. probable que esto Ningún problema humano podría ser más difícil que este problema de convertir el Desierto en un jardín sonriente. Pero con Dios todas las cosas son posibles, absolutamente todas las cosas, cualquier cosa; y para Él, la redención de un desierto desierto es tan fácil como cualquier otra cosa. La Biblia es predominantemente el libro de un pueblo del desierto. Siempre como el gran drama de la Biblia. La historia se mueve a través de la etapa del tiempo, somos conscientes del desierto como fondo contra que se mueve. Palestina, una estrecha franja de tierra no mucho más grande que Gales, fue cercada por una Desierto por tres lados, y por el desconocido y para ellos el mar no atractivo en el cuarto. Casi Todo lo que vino a Palestina se encontró con un desierto. Bienes y mercancias hicieron su lento Camino en las caravanas del desierto. Todos los visitantes que llegaron a ese país pasaron por el desierto. y llegó cansado y seco con su arena y polvo; y cualquier nueva idea que pueda filtrar en el El mundo de Palestina también tenía que filtrarse por el desierto, e inevitablemente llegaría, como el Viajeros mismos, teniendo sobre ellos algo del mismo ambiente desértico. Para, así como para las personas que viven en las islas británicas, el mar siempre es el fondo, es el mar el que ha moldeado su historia, y condiciona su vida cotidiana, a pesar de que pueden vivir tan lejos del océano que nunca lo han visto, por lo que la gente de Palestina, a pesar de que nunca podrían aventurarse en el el desierto mismo, fue formado y gobernado desde el principio hasta el final por el desierto eterno e inmutable, y Las condiciones de vida que brotan de un hogar en el desierto. Siempre el desierto los perseguía. No hay una página de la Biblia en la que no percibimos vagamente las arenas eternas y escuchamos el tintineo distante de Las campanas de camello. Y así, para nosotros de Occidente, se requiere un esfuerzo distinto de la imaginación para apreciar esto. Espléndida declaración con la que el poeta abre su oración. Él toma la única condición por encima de todo. otros con los que el hombre había sido totalmente incapaz de lidiar, y mucho menos de conquistar: el desierto; el único condición tal vez que le parecería a un oriental ser eterno e inmutable, el único condición, podemos decir, que sería completamente inútil pensar en cambiar, y él declara que La bondad y el amor de Dios conquistarán completamente esto. Que completo y completo que La conquista debe ser se significa acumulando, en el sentido oriental, símbolo sobre símbolo : regocíjate y florece como la rosa, una de las creaciones de Dios más ricas y espléndidas, que llamaPor una especial calidad de suelo y un cuidado particular en su cultura. Florecerá abundantemente, y se regocijará incluso con alegría y canto: la gloria del Líbano será dada a ello, la excelencia de Carmel y Sharon, verán la gloria del Señor, y la Excelencia de nuestro Dios. Una y otra vez sigue su gran tema. La gloria del desiertoredimido es estar en proporción a su antigua esterilidad. Se regocijará con alegría y cantando. Gloria de todos los tipos se acumularán sobre ella, la gloria especial que el Poeta sabía en su tiempo como solo ser Encontrado entre los cedros del Líbano; la austera grandeza que solo sentía en el Carmelo; y el la dulce y fragante paz que había conocido entre los hermosos jardines de Sharon. El cierra esta primera estrofa, su primera declaración de fe, al reafirmar ellos verán la gloria de la Señor, y la excelencia de nuestro Dios. Al leer esto cuidadosamente, comenzamos a captar algo de la fe divina del Profeta en el bondad de Dios, y como la fe es contagiosa, encontramos el poder de su comprensión gradualmente avivando nuestra pequeña chispa de ella en una llama. Por debajo de cada nivel de pensamiento en la Biblia, siempre hay un nivel más profundo para aquellos que pueden encontrar Y así está aquí. El Líbano, el Carmelo y Sharon representan en detalle ciertas facultades espirituales en el alma del hombre que se desarrolla gradualmente a medida que persiste a lo largo del camino del despertar espiritual, y la El profeta aquí implica, para aquellos que pueden entender, que estos dones espirituales definidos son la resultado de tales oraciones como esta. Por supuesto, el desierto o desierto es un término general para cualquier tipo de apuro o dificultad. Puede ser un problema específico que tenga que superar o, en general, Sentido, el estado general de sentimiento separado de Dios, del cual todos estamos tan conscientes de nuestro dolor. Es interesante notar que, en un sentido muy maravilloso y diferente, el desierto puede ser llevado a simboliza ese estado mental en el que el hombre ha alcanzado un alto grado de concentración sobre Dios. Tarde o temprano tendrás que poner a Dios primero en tu vida, es decir, tu propia verdad. El desarrollo espiritual debe convertirse en lo único que realmente importa. No es necesario, tal vez tenía Mejor no, sé lo único en tu vida, pero debe ser lo primero. Cuando esto suceda lo harás descubra que se ha deshecho de gran parte de la basura innecesaria que la mayoría de la gente lleva consigo; desperdicios mentales, por supuesto, aunque los desperdicios físicos son muy propensos a seguir esto. Encontraras eso Harás mucho menos trabajo después de cosas que no importan y solo perderás tu tiempo Y energía, una vez que has puesto a Dios primero. Tu vida se volverá más simple y tranquila, pero en El verdadero sentido, más rico e infinitamente más valioso. Esto suele ocurrir en el desierto. El verdadero vagabundo del desierto tiene pocas posesiones físicas, ninguna de nuestras necesidades artificiales, y pocas de nuestras así llamadas comodidades; sin embargo, él es uno de los más felices de los raza humana. Comúnmente no teme nada en la vida o en la muerte. Era un árabe sentado a la puerta de su casa. tienda de campaña por la noche, libre de la carga de las posesiones inútiles, su mente y su corazón se aclararon con simples vivos, que miraron hacia arriba a las innumerables estrellas doradas tan brillantes en el cielo oriental; miró a su alrededor con Mirada ininterrumpida al distante horizonte oscuro; y dijo: "El desierto es el jardín de Alá". Fortalece las débiles manos y confirma las débiles rodillas. Di a los que tienen un corazón temeroso, Sé fuerte, no temas: mira, tu Dios vendrá con venganza, incluso Dios con una recompensa; él vendrá y te salvará. La primera estrofa de este maravilloso poema-oración que llevó al lector aHacer una espléndida declaración de fe, esta, segunda estrofa, asume definitivamente la tarea de trabajar. sobre su conciencia directa. Se dice fortalece las manos débiles. Aquí nos encontramos con uno de los másSímbolos importantes que se encuentran en la Biblia: la mano. La mano, brevemente, representa el poder de manifestación, o la capacidad de expresar las ideas de Dios en el plano físico. Es el poder de resolviendo las cosas. Es el poder de hacer demostraciones, como decimos, o de obtener respuestas a La oración, y así la expresión, fortalece las manos débiles , es un mandato de que debemos levantarnos.Fuera de la limitación, se niegan a tolerarlo, e insisten en la armonía y la libertad; que de hecho nosotros Siempre hay que rezar y no desmayarse. Jesús nos ha dicho por medio de dos parábolas separadas que nosotros No hay que aceptar menos que la armonía; que debemos seguir orando hasta que hagamos nuestra demostración; que no debemos tomar "no" por respuesta. Y aquí el escritor inspirado enseña la misma lección. Nunca debes "aguantar" nada. Nunca debe contentarse con aceptar menos de Armonía, paz y libertad. Hasta que obtengas estas cosas debes ser insistente en la oración. Este símbolo en particular es muy interesante. El hombre es, en su verdadera naturaleza, un ser espiritual, una chispa. del Fuego Divino, pero esta chispa divina, el Yo Soy, tiene que ser encarnada, y el cuerpo humano con lo que estamos familiarizados, lo que todos llevamos con nosotros, no es más que una encarnación de la Varias facultades y capacidades del Divino Yo Soy. En realidad estamos viendo este momento. encarnación de una manera muy, muy limitada, incluso en el caso de los cuerpos más sanos y bellos; sin embargo eso es lo que es. El Ser Real, o Yo Soy, tiene el poder de manifestar absolutamente cualquier idea o conjunto de ideas que puede comprender, incluso en cierta medida; Y este poder lo vemos encarnado. como la mano En todas las edades la mano ha sido entendida simbólicamente de esta manera. Hablamos de una cosa siendo práctico Una persona que realiza todo tipo de asuntos esenciales para otra a menudo se habla de Su "mano derecha". En los banquetes, el invitado de honor se coloca a la derecha del anfitrión. El cristo La verdad "se sienta a la diestra de Dios, el Padre Todopoderoso", es la naturaleza de Cristo que se manifiesta Dios a través del hombre. La palabra para mano, en latín, es manus y se deriva originalmente de un Palabra sánscrita que significa el pensador. Nuestra palabra inglesa "man" deriva de la misma raíz. y lleva el mismo significado implícito. Y sabemos que es la razón del hombre manifestar a Dios.El hombre, el manifestador, es o debe ser la mano de Dios a través de la cual Dios obra, y esto es a través de su poder de pensamiento, porque es esencialmente un pensador. Cuando deseamos paralizar un Las actividades del hombre lo esposamos, poniendo así sus manos fuera de acción, y tener ambas manos. Amputado es considerado como la deshabilitación casi completa.

Confirmar las rodillas débiles. Esta es una figura muy obvia para deshacerse del miedo. No hay muchos de los hijos de hombres que en algún momento u otro no sabían lo que era sentir sus rodillas Casi literalmente pasando por debajo de ellos por nerviosismo o miedo. Tal condición, a menos que vencido, es el preludio del colapso total del cuerpo en lo que llamamos desmayo. Ahora cuando la gente están en graves dificultades y están empezando a perder su coraje, y perder coraje es perder todo: el alma puede describirse muy acertadamente como si estuviera en esta condición. El profeta por lo tanto ataca. Con audacia en nuestras manos débiles y rodillas débiles y procede a confirmarlos, o hacerlos firmes, por Recordando la verdad acerca de Dios. Bien podría decirse que la oración esencialmente científica o Tratamiento es solo esto de detenerse para recordar la verdad acerca de Dios. No intentamos hacer algo con nuestras oraciones en el sentido de buscar manipular las cosas a nuestro gusto. Un tal proceder sería la fuerza de voluntad y no la oración, pero nos detenemos en la corriente de cosas materiales y Recuerda lo que sabemos que es la verdad acerca de Dios. Esta aceptación y reafirmación de la Verdad. Es lo que trae una demostración espiritual. El Profeta dice con una simplicidad sin respuesta: He aquí, tu Dios vendrá con venganza, incluso Dios con una recompensa; Él vendrá y te salvará. ¿Y por qué? Porque estas diciendo tu rezo. Porque, en lugar de dejarse llevar en la marea de dificultad como el "pagano" o no orar es, has hecho una pausa para recordar la verdad acerca de Dios. Has hecho el magnífico declaración de fe en la primera estrofa, y así la acción de Dios ahora entrará en tu vida con Venganza o vindicación. La gente a veces se pregunta por qué un Dios amoroso debería permitir que se metan en problemas en la primera lugar, o por qué Él no los ayuda sin esperar sus oraciones. La respuesta es que tenemos. Libre alhedrío. Esta es la más preciosa de todas las cosas para nosotros porque es nuestra identidad en Dios como el Yo Soy. Si Dios interfiriera en nuestras vidas sin que lo hayamos llamado a través de la oración, nuestra libertad La voluntad sería abrogada, y deberíamos perder nuestra identidad. En realidad esto no pudo suceder, porque Estaría en contra de la ley del ser. Tenemos que saber aquí que esta palabra "venganza" en el Biblia es un término técnico que significa reivindicación. No hace falta decir que Dios, la Mente Infinita, no es capaz. de abordar algo como lo que se conoce entre los hombres como venganza. Lo que pasa es que la La acción de Dios después de su oración reivindica la Ley del Ser, y como esta Ley es la Ley.del bien perfecto eres salvo. La demostración se puede describir figurativamente como la recompensa para su tratamiento. Entonces los ojos de los ciegos serán abiertos, y los oídos sordos se abrirán.

Entonces sera el cojo salta como un ciervo, y canta la lengua del mudo: porque en el desierto riega estallar, y arroyos en el desierto. Estas dos frases constituyen una de las más maravillosas.Pasajes en toda la biblia. No hay otro que se pueda poner al lado. Es una cancion de triunfo, y alegría, y liberación, probablemente la celebración más gloriosa del poder de Dios en La oración que alguna vez fue escrita. Piense lo que promete, lo que anuncia ser el resultado natural de oración espiritual: los ojos de los ciegos serán abiertos, y los oídos sordos serán abiertos, ¡El cojo saltará como un ciervo, y la lengua de los mudos cantará! ¿Es esto suficiente ¿Manifiesto de curación espiritual? ¿Algo de importancia queda fuera? ¿Podemos, ante esto, ¿Declara que cualquier condición física está fuera del alcance de la oración? ¿Nos atrevemos a decir o pensar alguna? más que con Dios algunas cosas son posibles, y otras no? El ciego, el sordo, el mudos, y los lisiados deben ser liberados y restaurados a la salud por el poder de Dios. Físico La sanación es una de las manifestaciones más gloriosas del Cristo Universal. Es la hermosa puerta del templo, pero no lo es todo. Es el don espiritual que más se ha destacado en el movimiento metafísico durante dos o tres generaciones, pero como San Pablo tuvo cuidado de implicar en su Enumeración, es solo un regalo. La curación del cuerpo es esencial, pero lo que realmente Por supuesto, lo que importa es el desarrollo espiritual del alma. ¿Qué es una curación física pero la externa? evidencia de que se ha dado un paso en el desarrollo espiritual; y las curaciones físicas enumeradas Aquí, de manera plena y bella, según se aplican al cuerpo físico, son aún más importantes cuando se los eleva a un nivel superior. Es glorioso que los ojos físicos de los físicamente ciegos se abran, pero los ojos físicos también simbolizan el poder del hombre de la percepción espiritual; y la magnífica promesa de estos dos. los versos en particular implican que el don de la percepción espiritual debe ser adquirido por la oración; y eso cuando oramos fervientemente por ello, nada puede impedir que lo obtengamos. Es glorioso que los oídos de los sordos físicamente estén abiertos; Pero oyendo, en lo más alto. nivel, significa comprensión espiritual, y es diez veces más importante que espiritualmente obtuso las personas deben obtener un entendimiento de la verdad sobre Dios y sobre la vida. Es glorioso que los físicamente lisiados recuperen su fuerza para que, tirando su con las muletas y enderezando la espalda, asumirá el derecho de nacimiento de una virilidad sana y correrá y Salta como un ciervo. Pero es diez veces más importante que los lisiados morales y espirituales tengan éxito. al superar sus enfermedades y elevarse en el ejercicio libre de la facultad espiritual y la oración. Es glorioso que los físicamente mudos adquieran el poder de la palabra física para hablar y canta; pero la lengua representa también el dominio o poder espiritual del hombre, y es mil veces más importante para los espiritualmente mudos, aquellos hombres y mujeres que no tienen poder espiritual Demostración, para adquirir el poder del Logos o Palabra Creativa que es su Divino. herencia, y aprenda a usarla con un efecto revelador para ellos mismos y para otros. Nunca antes o desde entonces se ha traído la importancia de estas cosas, tanto físicas como espirituales. Hogar tan convincentemente para los corazones de los hombres como aquí. Y a modo de énfasis final en estos verdades trascendentes el profeta oriental repite su argumento supremo: Porque en el desierto se estallan las aguas, y arroyos en el desierto. Y el suelo seco se convertirá en estanque, y el Tierra sedienta manantiales de agua. Para el lector oriental, ningún reclamo del Poder Divino podría parecerDifundir esto. Como hemos visto, el desierto arenoso es para él el único hecho eterno e inmutable, y decir que Se llenará abundantemente de agua para incluir todas las promesas. Necesitamos recordar eso, en eso Tierra oriental, el agua es considerada la más preciosa de todas las sustancias; comparativamente pequeño las cantidades a menudo se transportan de millas sobre millas a lomos de camellos y mulas, y en lugares remotos del desierto, una taza de agua, literalmente, vale su peso en oro, mucho más quizás, por eso Puede significar la diferencia entre la vida y la muerte. Nosotros en Occidente, que rara vez conocemos una verdadera escasez. de agua, cuyo clima es, en todo caso, un poco demasiado húmedo para la comodidad, tenemos que usar nuestra imaginación de nuevo para que podamos darnos cuenta de lo poderoso que es decir este símil, y todo eso transmite el poder, la majestad, los recursos y el amor de Dios. En la habitación de los dragones, donde cada uno yace, será hierba con cañas y juncos. Como resultado deoración, del recuerdo de la Omnipresencia de Dios, y de la afirmación de la fe en Su bondad, debemos perder nuestro miedo; recuperar nuestro poder de manifestar armonía y paz; obtener nuestro Curación física, no importa cuál sea la enfermedad; Y, sobre todo, debemos desarrollar. percepción espiritual, comprensión espiritual, el poder de hablar la Palabra con efecto, y para adquirir la capacidad de desarrollar nuevas facultades espirituales en conjunto, para las cuales no hay palabras en lenguaje ordinario (No somos más que hombres cojos sin estas facultades). Y ahora el Profeta dice de manera significativa: en la habitación de los dragones, donde cada uno yace, habrá hierba con cañas y juncos. Esta es una declaración muy notable y significativa. El escritor de este maravilloso tratamiento supo. Todo lo que hay que saber sobre la naturaleza humana. Nuestros expertos en psicología están empezando a arañar la superficie de este tema; sin embargo, se ha hecho mucho buen trabajo por lo que se llama La nueva psicología, a pesar de sus errores manifiestos; y la gente está empezando a darse cuenta de la existencia de esas "cuevas oscuras insondables" de nuestra naturaleza que hoy en día se llaman el mente subconsciente. Estamos empezando a darnos cuenta de que un pensamiento no es muerto o impotente simplemente porque no lo estamos pensando conscientemente; pero que simplemente ha desaparecido de la vista bajo el hielo, por así decirlo, llevando consigo todas las potencialidades que tenía para el mal, y mucho más además, ahora que está fuera de la vista. Estamos empezando a entender que una cosa no se destruye porque es suprimido, pero, por el contrario, al igual que la compresión aumenta enormemente el poder detonante de un explosivo, pensamientos y sentimientos, y especialmente sentimientos que por una razón u otra nos No se preocupe por enfrentar francamente, adquiera un acceso incalculable de poder para el mal cuando están Suprimido en el subconsciente y convertirse en lo que llamamos complejos. De hecho, la psicoterapia. ha demostrado que una gran parte de todos nuestros males temporales surgen de estas mismas cosas. Ahora, Isaías sabía todo esto, y su nombre para estos complejos es dragones, y también un muy buen nombre. Eso Sería difícil encontrar uno mejor. Y aquí él promete que como resultado de la oración los dragones serán eliminados y destruidos, y las profundidades acuosas donde cada una de ellas se convertirá en un lugar seguro y aguamiel pacífica, tranquila con hierba y cañas y juncos. Y habrá una carretera, y un camino, y se llamará El camino de la santidad. Nosotros ahora Ven a una de las revelaciones trascendentes de la Biblia. Por pura fuerza y esplendor este pasaje Estar solo. Toda la estrofa no tiene parangón ni en las Escrituras ni en ninguna otra parte. El profeta sube cada vez más alto en la marea inspiradora que lo lleva hacia adelante mientras visualiza el completo salvación de la humanidad que será. Su ojo recorre todo el diluvio de la evolución espiritual. justo en los límites más extremos donde lo humano y lo divino se fusionarán en la unidad final. Para el individuo, también, es la promesa y los medios para el viaje triunfante de regreso a Dios. Es el gran manifiesto de la salvación, la declaración completa del camino para escapar de la limitación, el pecado, Enfermedad y muerte. Y habrá una carretera, y un camino, y se llamará El camino de la santidad. Esto es un Definido y uno puede decir, afirmación profesional de que hay una salida. Significa que no es ya no es necesario para que el hombre pueda soportar nada menos que la perfecta armonía. Realmente significa Esa resignación a cualquier cosa menos que la paz, la salud y la armonía, lejos de ser una virtud, ser conocido como lo que realmente es, una violación de la Ley del Ser. No nos equivoquemos al respecto. Ahora que se ha abierto de esta manera, la renuncia a la limitación y la falta de armonía no es más que una multa. Nombre para la pereza y la cobardía. El Profeta definitivamente dice que habrá una carretera. Ahora que es una carretera ¿No es una carretera principal pública, accesible para todos, que todos aquellos que ¿Observa la ley usar con igual derecho? Nadie tiene autoridad para poner una barrera en la carretera, para Limítelo a la exclusión de ciertas personas, o para ejercer cualquier tipo de derechos de propiedad. lo que sea. Eso es lo que es una carretera, y el Profeta aquí definitivamente dice que el Camino de la libertad y la salvación es ser una carretera. Ningún hombre, ninguna organización, ni reglas ni regulaciones de ninguno de los dos. muerto o vivo, tenga cualquier poder o autoridad para prohibir que alguien vaya a esa carretera, o para formulen los términos en los cuales él entrará. No hay condiciones de membresía, no hay tarifas de entrada o Los ceremoniales de entrada tienen cualquier autoridad de la palabra inspirada. Es publico Está abierto. Es gratis. Habiendo profetizado una carretera, el escritor definitivamente declara que será un Camino. Ahora lejos," Por supuesto, es un término técnico que significa un camino de regreso a la conciencia de la Presencia Real de Dios. Es lo que a menudo llamamos el Sendero. Y podemos hacer una pausa por un momento aquí para darnos cuenta de la La tremenda importancia de la afirmación de que el Sendero es una carretera. La mayoría de los movimientos religiosos, en En cualquier caso, los mayores y los mayores, han enseñado sobre el Sendero y cómo entrar en él. Pero siempre lo trataron, no como una carretera, sino como un camino privado cercado por ellos mismos, hasta las puertas de que solo ellos tenían las llaves. La Biblia, sin embargo, vino al mundo para romper este Exclusividad y decir que el Camino es una carretera. Es realmente imposible para el estudiante Destaque la importancia de este hecho. Una y otra vez y otra vez a lo largo de la historia lo abierto. Se le ha dado la carretera a la gente por un corto tiempo, solo para que se cierre nuevamente, y antes de que largo, y generalmente por las mismas personas que lo habían abierto. Tan graves son los peligros que atienden. La religión organizada, tan poderosa y tan sutil son los males que resultan de la acumulación de mucho propiedad (un mal que supera a casi todas las iglesias bien organizadas tarde o temprano), que a menos que mantenemos este punto constantemente fresco en nuestras mentes, podemos estar en peligro de repetir lo viejo los errores El Profeta continúa diciendo que el Camino o el Camino es el camino de la santidad. Ahora, por supuesto, nosotros Necesitamos entender que la Biblia usa la palabra santidad, que es mucho más amplia y más lejana. Alcanzando el sentido que el habitual. La palabra "santidad" realmente significa plenitud, no solo santidad de carácter, raro y maravilloso que sea, pero completa santidad de vida. Esto incluye perfecto salud corporal: no válido es santo en el sentido bíblico, por muy espiritual que sea en otra persona Respetos: incluye la idea de felicidad o verdadera paz mental, de prosperidad, que significa la libertad de los temores molestos sobre las necesidades de la vida; de hecho, la santidad significa todo Salud, prosperidad y armonía espiritual. En realidad las palabras entero, santo, sano, sanan, y Curación, todos regresan a la misma raíz del Inglés Antiguo, porque son solo aspectos diferentes de la la misma cosa. Esto no resta en lo más mínimo la importancia trascendente de lo que generalmente se designa Santidad, lo que un gran racionalista moderno se refirió tristemente cuando dijo "Santidad, La más profunda de todas las palabras que desafían la definición ". El Profeta continúa diciendo de esta gloriosa carretera, que el inmundo no la pasará. Ahora ¿Qué significa esto exactamente? Con demasiada frecuencia se supone que implica que el humano ordinario estar, lleno de fallas y defectos, y, aún más, ser consciente de un pecado más grave, no tiene oportunidad sobre esa carretera que está reservado para el santo y el héroe espiritual, para aquellos que están de hecho limpiar. Sin embargo, nada podría estar más lejos de la verdad. ¿Qué punto podría haber en proporcionar ¿Una carretera para quienes ya están "salvados"? ¿No dijo nuestro Señor, "El pozo no necesita una médico, pero aquellos que están enfermos ". Y, de hecho, suponer lo contrario sería como decir que uno No debe usar jabón hasta que sus manos estén limpias. El hecho es que no traes un corazón limpio a Dios. para que Él te ame por ello; le traes tu corazón inmundo para que Él lo limpie. El verdadero significado de esta magnífica declaración, el verdadero significado de toda esta gloriosa estrofa final, es que la carretera se proporcionará para el ser humano promedio, el "hombre caminante", usted y Yo que necesito purificación y salvación. Los "inmundos" son esos mismos pensamientos y creencias de limitación, pecado, enfermedad, miedo, duda, etc., que son las únicas cosas que nos mantienen alejados del Reino de los cielos hoy. Estos son los inmundos; y una vez que estamos en esa carretera se no tienen más poder para obstaculizar nuestro progreso, su poder de retenernos en la oscuridad es ido. Los seres humanos débiles y débiles ya no necesitan temer acercarse a la carretera. Será para aquellos. Los hombres caminantes, aunque tontos, no se equivocarán. Habiendo demostrado que no hay grado de debilidad.o la culpa puede mantener a un hombre fuera del Sendero, si realmente quiere entrar en él. Isaías aquí toma el otro punto que tampoco le puede excluir la falta de poder intelectual o entrenamiento intelectual. No La falta de lo que se llama inteligencia, o lo que generalmente se llama educación, hace una diferencia aquí. La carrera académica más brillante y los antecedentes sin restricciones más simples son igualmente poco importante, siempre que exista la intención correcta, reforzada por la aplicación correcta. Como una cuestión de De hecho, la brillantez intelectual y mucho conocimiento secular han mantenido a muchas personas fuera de este Camino. Porque, bajo nuestro moderno sistema de educación, estas cosas son muy aptas para engendrar orgullo espiritual. Por otro lado, una buena inteligencia de sonido, aunque no en lo más mínimo una garantía de poder espiritual, Es probable que sea muy útil para el desarrollo espiritual, ya que permite al candidato apreciar la necesidad de minuciosidad, fidelidad y desinterés; y les lleva a comprobar su resultados para asegurar que realmente están progresando a medida que pasa el tiempo. Los salva de viviendo en un paraíso de tontos suponiendo que se están manifestando cuando no lo están. Permite Para distinguir entre progreso espiritual y mera indulgencia emocional. El gran punto es que no tenemos que traer conocimiento o sabiduría al Camino, sino que es la función del Camino Para equiparnos con estas cosas. Ningún león estará allí, ni ninguna bestia voraz subirá, no será encontrada allí; pero los redimidos andarán por allí. Aquí toda la historia se repite en otra forma, de acuerdo conCon la tradición poética oriental, lo que hace resaltar sus puntos por medio de una variedad de iteraciones. Una vez en el Sendero, los problemas y las dificultades seguirán llegando a nosotros, al menos durante un tiempo; pero ahora suben desde el interior, por así decirlo; emergen de las profundidades de nuestra propia personalidad, porque no tienen nada que hacer, y deben ser tratados de una vez por todas. Ya no son son leones o bestias voraces de las que necesitamos estar protegidos; sino que son problemas para ser resueltos de una vez por todas, para que podamos ser libres para siempre. Y ahora este maravilloso poema termina con uno de los versos supremos de toda la Biblia. Habiendo entrado y caminado por el Sendero, aprendido las lecciones y ganado la corona de los completados comprensión, nuestras limitaciones y nuestros miedos espectrales: para los espectros son, eso y nada más, desaparecer para siempre; y la gloria de la unión, la gran transformación, se completa. Antiguo las cosas pasaron y los rescatados del Señor vuelven, y vienen a Sión con canciones y alegría eterna sobre sus cabezas: obtendrán gozo y alegría, y tristeza y suspiros huir. ¿Alguna vez el hombre escribió así? Los "rescatados del Señor" son, por supuesto, aquellos que tienense dieron cuenta, no simplemente se creyeron, sino que se dieron cuenta de su unidad con su propio Cristo residente; dio cuenta que ese Cristo que habita es en realidad y verdad en sí mismos, no cerca de, no perteneciente a, pero idénticos a sí mismos. Tales son los que realmente han demostrado el Yo Soy. Y volverán y vendrán a Sion. Sión es la realización directa de Dios. Jerusalén es laLa cosa más alta en la conciencia humana menos que el contacto divino, pero Sión es la realización de Dios mismo. Es a esto que las almas triunfantes vendrán y, dice el poeta, con canciones y Alegría eterna sobre sus cabezas. Han de venir a cantar, dice, y esto es significativo, para una El canto espontáneo es nuestra expresión natural de la alegría más elevada. El instinto del alma humana que Los tabúes y las inhibiciones no se han abarrotado como para estallar en una canción cuando se siente feliz y libre; y así, la Biblia usa correctamente la idea de cantar para expresar un gozo total y espontáneo. Y nota que dice alegría "eterna", no alegría que puede desaparecer con el transcurso del tiempo o la venida de algunos nube inesperada Este gozo es ser el gozo de Dios, que nunca puede ni nunca disminuirá una vez. Lo hemos encontrado. Tan precisa y completa es la explicación de la Biblia del camino de la salvación del hombre. que aquí hace un punto de poner la alegría sobre sus cabezas. Ahora la cabeza humana simboliza siempre la comprensión de Cristo de la Verdad, a diferencia de la mera fe ciega, o simple emocional a tientas y aquí vemos que este gozo divino es ser el gozo de la comprensión perfecta , que esLa única garantía real de permanencia. Nuestro poema termina su glorioso barrido ascendente con una garantía final definitiva, tanto como uno podría consolar a un niño que duda, una garantía de que todo esto es realmente cierto, diciendo en la forma más simple Lenguaje: el dolor y el suspiro huirán. Nos hiciste para ti y para nosotros. Los corazones están inquietos hasta que descansan. El e. - Agustín.

Capítulo 10 - LA LLAVE DE ORO PREFACIO

He comprimido este ensayo en unas pocas páginas. Si hubiera sido posible, lo habría reducido a tantas líneas. Eso no pretende ser un tratado de instrucción, sino una receta práctica para salir de los problemas. Estudio e investigacion están bien en su propio tiempo y lugar, pero ninguna de las dos lo sacará de una dificultad concreta. Nada Pero el trabajo práctico en tu propia conciencia hará eso. El error cometido por mucha gente, cuando las cosas van. mal, es hojear libro tras libro, sin llegar a ninguna parte. Lee la llave de oro varias veces. HACER exactamente lo que dice, y si eres lo suficientemente persistente superarás cualquier dificultad. La ORACIÓN CIENTÍFICA le permitirá, tarde o temprano, salir de cualquier Dificultad sobre la faz de la tierra. Es la llave de oro de la armonía y la felicidad. Para aquellos que no tienen conocimiento del poder más poderoso que existe, esto puede parecer ser un reclamo precipitado, pero solo necesita un juicio justo para probar que, sin lugar a dudas, es un caso justo. No necesitas tomar la palabra de nadie, y no deberías. Simplemente inténtalo por ti mismo, y verás. Dios es omnipotente, y el hombre es su imagen y semejanza, y tiene dominio sobre todas las cosas. Esto es La enseñanza inspirada, y está destinada a ser tomada literalmente, en su valor nominal. Hombre significa cada hombre y mujer, por lo que la capacidad de aprovechar este poder no es una prerrogativa especial de la Místico o el Santo, como se suele suponer, o incluso el practicante altamente capacitado. Quien estás, dondequiera que estés, la Llave Dorada de la armonía está ahora en tu mano. Esto es porque en La oración científica es Dios quien trabaja, y no tú, y por lo tanto tus limitaciones particulares o Las debilidades no tienen en cuenta en el proceso. Usted es sólo el canal a través del cual lo Divino. la acción se lleva a cabo, y su tratamiento realmente será solo para salir del camino. Los principiantes a menudo obtienen resultados sorprendentes al intentarlo por primera vez, ya que todo lo que es absolutamente esencial es tener una mente abierta, y suficiente fe para probar el experimento. Aparte de eso, puedes sostener cualquier puntos de vista sobre la religión, o ninguno. En cuanto al método real de trabajar, como todas las cosas fundamentales, es la simplicidad en sí misma. Todo lo que tu Lo que hay que hacer es esto: deja de pensar en la dificultad, cualquiera que sea, y piensa en Dios en su lugar. Esta es la regla completa, y si solo haces esto, el problema, sea lo que sea, presentará desaparecer. No importa qué tipo de problema es. Puede ser una cosa grande o una cosa pequeña; eso puede referirse a la salud, las finanzas, una demanda, una disputa, un accidente o cualquier otra cosa concebible; pero sea lo que sea, simplemente deja de pensar en ello y piensa en Dios, eso es todo lo que tienes que hacer. La cosa no podría ser más simple, ¿verdad? Dios mismo difícilmente podría haberlo hecho más simple, y sin embargo nunca deja de funcionar cuando se le da un juicio justo. No trates de formar una imagen de Dios, lo cual es, por supuesto, imposible. Trabajar ensayando cualquier cosa. O todo lo que sabes de Dios. Dios es sabiduría, verdad, amor inconcebible. Dios es presente en todas partes; tiene poder infinito; sabe todo; y así. No importa lo bien que tu puede pensar que entiendes estas cosas; repasarlos repetidamente Pero debes dejar de pensar en el problema, sea cual sea. La regla es pensar en Dios, y si estás pensando en tu dificultad, no estás pensando en Dios. Mirar continuamente Su hombro, por así decirlo, para ver cómo están progresando las cosas, es fatal, porque eso es pensando en el problema, y debes pensar en Dios, y en nada más. Su objeto es conducir el pensó en la dificultad que sale de su conciencia, al menos por unos momentos, sustituyendo Por ello el pensamiento de Dios. Este es el quid de todo el asunto. Si puedes estar tan absorto en esto consideración del mundo espiritual que realmente olvidaste por un tiempo, todo sobre los problemas Con respecto a lo cual comenzó a orar, pronto encontrará que está segura y cómodamente. De tu dificultad, que se haga tu demostración. Para "Golden Key" una persona problemática o una situación difícil, piense: "Ahora voy a "Llave dorada", John o Mary, o esa amenaza de peligro "; luego procede a conducir todo el pensamiento de John, o María, o el peligro que sale de tu mente, reemplazándolo por el pensamiento de Dios. Al trabajar de esta manera sobre una persona, no está tratando de influir en su conducta de ninguna manera. , excepto que evitas que te lastimen o te molesten, y no les haces nada más que bueno. A partir de entonces, seguramente serán, en cierto grado, una persona mejor, más sabia y más espiritual, sólo porque tienes "Golden Keyed" ellos. Una demanda pendiente o cualquier otra dificultad sería Probablemente se desvanezcan inofensivamente sin llegar a una crisis, se haga justicia a todas las partes preocupado. Si descubre que puede hacer esto muy rápidamente, puede repetir la operación varias veces al día con intervalos entre. Sin embargo, asegúrese de que cada vez que lo haya hecho, deje de lado todo pensamiento sobre el importa hasta la próxima vez. Esto es importante. Hemos dicho que la Llave Dorada es simple, y así es, pero, por supuesto, no siempre es fácil giro. Si está muy asustado o preocupado, puede ser difícil, al principio, alejar sus pensamientos. De las cosas materiales. Pero al repetir constantemente alguna afirmación de verdad absoluta que apela a tú, como No hay poder sino Dios, o yo soy el hijo de Dios, lleno y rodeado por el La paz perfecta de Dios, o Dios es amor, o Dios me está guiando ahora o, quizás, el mejor y el más simple de todos.todo, solo Dios está conmigo , por muy mecánico o muerto que parezca al principio, pronto descubrirás queel tratamiento ha comenzado a "tomar" y eso se está despejando. No luches violentamente; ser tranquilo pero insistente Cada vez que encuentre que su atención se desvía, simplemente cambie de nuevo a Dios. No intente pensar de antemano cuál será la solución de su problema. Esto se denomina técnicamente "esbozo" y solo retrasará la demostración. Deja la pregunta de Formas y medios estrictamente para Dios. ¿Quieres salir de tu dificultad? eso es suficiente Tú lo haces tu mitad, y Dios nunca dejará de hacer la suya. Todo aquel que invocare el nombre del Señor, será salvo.

Capítulo 11 - OBTENER RESULTADOS POR ORACIÓN

Una gran cantidad de confusión parece existir en muchas mentes con respecto a la avenida precisa a través de al cual se debe acercar el Poder Divino y alcanzar la realización y la armonía. Tantos Las escuelas de pensamiento parecen estar compitiendo por la atención del estudiante; tan ocupado es la impresión prensa; Tantos nuevos libros y folletos están escritos; Tantas revistas van y vienen; esa gente Me han dicho que se han sentido bastante desesperados por haber descubierto alguna vez lo que realmente es lo que deben hacer. hacer para ser salvo. A veces parece como si la historia de Babel se repitiera en el movimiento metafísico, y sin embargo, todos sabemos en nuestros corazones que la verdadera Puerta es estrecha y la Camino real recto. Un conocido maestro oriental de gran poder espiritual ha publicado una folleto desde el cual parece que el criterio genuino de autenticidad es no tener ningún Camino. Este es el reductio ad absurdum que nos detiene y restaura la luz.La verdad, claro está, es que la única solución del problema es definitivamente ponerse en contacto con el Divino. El poder que mora dentro de tu propia alma; y habiendo hecho conscientemente eso, para llevarlo a cabo. sobre las diversas dificultades en su vida, tomándolas en el debido orden, es decir, atacando las más urgentes primero. Esta es la forma correcta de trabajar, y es la única forma en que posiblemente pueda ayudarlo a usted o a su Los asuntos, a largo plazo. El verdadero remedio para cada una de sus dificultades es, como se nos dice en Cada página de la Biblia, para encontrar y conocer la Presencia residente. Familiarízate ahora con Él. y estar en paz En Su Presencia está la plenitud de la alegría. He aquí, yo estoy contigo siempre. Ésta, entonces, es la tarea y la única: encontrar y saber conscientemente su propia morada. Señor. Ahora puedes ver cómo la confusión desaparece, se desvanece, y la perfecta simplicidad del conjunto. La cosa surge una vez que te das cuenta de este hecho. De esto se deduce necesariamente que todas las escuelas y iglesias; todos los maestros, bajo cualquier nombre, pueden ser llamados; Todos los libros de texto, revistas, folletos, y lo que no; No son más que recursos temporales para permitirle hacer este contacto. En ellos mismos no tienen importancia, excepto como un medio para un fin. El mejor modo de acercamiento a Las cosas divinas para ti son las que te hacen más fácil localizar la Luz Interior. dentro de ti Cosas como el temperamento, la educación, la tradición familiar, etc., harán un libro, o uno maestro, o una escuela, más útil que otra; pero nunca como algo más que los medios para una cierto final. Ese fin es el autodescubrimiento efectivo. "El hombre se conoce a sí mismo", su verdadero yo, que es elYo soy divino. Y así vemos que el mejor "movimiento", el mejor libro de texto, el mejor maestro, es Sólo el que mejor se adapta a las necesidades individuales. Es totalmente una cuestión práctica, y el único La prueba que alguna vez pueda o será de alguna utilidad, es la práctica de juzgar por los resultados. Por supuesto, Jesús anticipó esta dificultad y la enfrentó, ya que ha enfrentado todas nuestras dificultades. Nos dio el sencillo y norma perfecta: por sus frutos los conoceréis. El gran peligro para la verdadera religión siempre ha sido la construcción de intereses creados en los ricos. organizaciones, o en la explotación por parte de individuos de sus propias personalidades. Una iglesia organizada siempre está en peligro de convertirse en una "industria" que tiene que proporcionar una vida para numerosos funcionarios Cuando esto suceda, el rango y el archivo seguramente serán severamente desanimados de buscar Cosas espirituales para ellos mismos de primera mano. Se construye una tradición de "lealtad" a la organización. Como medio de autoprotección. No la lealtad a la Verdad, ni a tu propia alma, como se señala, sino a la maquina eclesiástica. Así, los medios se convierten en un fin en sí mismos y el poder espiritual se desvanece. Las promesas precipitadas y los reclamos vagos reemplazan las demostraciones verificables reales. En el caso de los líderes que explotan sus propias personalidades, se desalienta al estudiante a ir en otra parte para la iluminación de la ayuda; y aquí de nuevo la "lealtad" a algo que no sea Dios es Se le permite bloquear la avenida de la Verdad, y por lo tanto se convierte en anticristo. ¿Qué es esto pero el los celos del pequeño comerciante que advierte a un cliente dudoso del peligro que corre al ir a la "tienda de al lado"? Recuerda que absolutamente no debes lealtad a nada ni a nadie más que a tu propia alma. y al fomento de su desarrollo espiritual. Tu deber más solemne es hacer todo. secundario a eso "Para ti mismo, sé verdadero; y debe seguir, como la noche del día, tú puedes Entonces no seas falso para ningún hombre ". - Shakespeare. El primer paso que debe tomar el estudiante serio es establecer un método de trabajo definido, seleccionando el que parezca más adecuado para ellos, y luego dándole un juicio justo. Eso significa que tu Debe adquirir un método o sistema definido de tratamiento espiritual u oración científica. Meramente leyendo Los libros, hacer buenas resoluciones o hablar plausiblemente de la cosa no te llevarán a ningún lado. Obtener una Método definido de trabajo , practícalo a conciencia todos los días; y apégate a un método largosuficiente para darle una oportunidad justa. No esperarías tocar el violín después de dos o tres intentos, o conducir un coche sin un poco de práctica preliminar. Una vez que tenga su método, prepárese para trabajar definitivamente en algún problema concreto en su propia vida, elegir preferentemente lo que le esté causando más problemas en este momento o, mejor aún, lo que sea que más temen . Trabaja en ello constantemente; Y si no ha pasado nada, si no.la mejora en absoluto se muestra dentro de, digamos, un par de semanas en el exterior, luego pruébelo en otro problema. Si aún no obtiene ningún resultado, elimine ese método y adopte uno nuevo. Recuerda, hay una salida; Eso es tan cierto como la salida del sol. El problema realmente es, no deshacerse de

Tus dificultades, pero el hallazgo de tu mejor método para hacerlo. Si su problema es la mala salud, no descanse hasta que haya logrado al menos una curación corporal. No hay enfermedad que no haya sido curada por alguien en algún momento, y lo que otros han hecho puedes hacerlo, porque Dios es el Principio, y el Principio no cambia. Si la pobreza es el problema, vaya a trabajar en eso, y aclárelo de una vez por todas. Se puede hacer. Tiene ha hecho. Otros lo han hecho, y tú puedes. Si no está contento, está insatisfecho con su suerte o su entorno, sobre todo, con usted mismo, programado para trabajar en eso rehusar tomar un no por respuesta; e insistir en la felicidad y satisfacción que Son tuyos por derecho divino. Si su necesidad es la autoexpresión, artística, literaria o de otro tipo, si el deseo de su corazón es alcanzar eminencia en una profesión, o algún tipo de carrera pública, que, también, abordada con el espíritu correcto, es un objeto legítimo y digno, y el método correcto de Oración Científica le traerá el premio. Mantenga un registro de sus resultados, y en ningún caso se satisfaga con nada menos que el éxito. Sobre todo, evita el error mortal de poner excusas. No hay excusas para no hacerlo. demostrar. Cuando no demuestras, nunca significa por casualidad nada excepto que tú No he trabajado de la manera correcta. Las excusas son el verdadero y verdadero diablo, que viene a tentarte, permanecer fuera del Reino de los Cielos, mientras que la Puerta está abierta. Las excusas, de hecho, son las Único enemigo al que realmente debes temer. Encuentra el método que más te convenga; cultivar la simplicidad, la simplicidad y la espontaneidad son el secreto de oración efectiva — trabaje constantemente;

mantén tu propio consejo; y todo lo que pidáis en mi
Nombre, eso haré yo.

Capítulo 12 - LA GRAN AVENTURA

Muchas personas parecen tener la impresión de que el
único objeto del estudio metafísico es el superación de las
dificultades; pero suponer que, es perder todo sentido de la
proporción. La verdad es ser Buscado por su propio bien. El
conocimiento de la Verdad es su propia recompensa, y esa
recompensa es la salud, Armonía y prosperidad, para
empezar; Pero esto es sólo el comienzo. El objeto real del
buscador. debe ser el desarrollo de sus propias facultades y
poderes superiores; en una palabra, su espiritualidad
Evolución. Ahora sucede que tan rápido como uno adquiere
comprensión espiritual, sus circunstancias mejoran en todos
los aspectos: su salud, su temperamento, su felicidad y su
entorno material rápidamente y cambia automáticamente
para mejor. Por contra , una falta de verdadera
comprensión automática ySe expresa necesariamente en
algún tipo de dificultad en el plano físico, que culmina en el
pecado, Enfermedad y muerte. Cuando las personas se
encuentran en alguna dificultad, deben tener algunos
destellos de espiritualidad. En verdad, se dan cuenta,
aunque sea débilmente, de que se puede encontrar una
salida a lo largo del camino de lo espiritual. la iluminación, y
en consecuencia estudian libros, consultan a amigos en el
movimiento, piden Tratamiento u orientación, o dar el paso
que parezca más adecuado en este momento. Este es el
curso natural y adecuado para seguir, y, siempre que
comprendan qué es lo que están haciendo, es solo una

cuestión de tiempo antes de sus dificultades: su mala salud, su pobreza, sus problemas, sea lo que sea, debe desaparecer. De hecho, están buscando la iluminación espiritual; están trabajando por un cambio de conciencia; y uno no puede buscar una conciencia mejorada sin conseguir No lo consigue, ni lo hace sin hacer una demostración. El malentendido y la decepción surgen cuando la gente confunde la enseñanza con algún tipo de Elaborar truco de magia. Cuando una persona supone que por un gesto de la mano, o la repetición de Un conjuro, sus circunstancias se pueden cambiar para mejor sin ningún cambio correspondiente En su propia mentalidad, están condenados a la decepción. No han venido a la verdad, y los El movimiento de la verdad no tiene nada para ellos. Durante los últimos años, un gran número de personas de todo tipo me han consultado sobre su Dificultades, y se dividen fácilmente en esos dos grupos. Algunas personas, por ejemplo, son en problemas debido a algún defecto muy obvio en el carácter, pero no están dispuestos a superar esto Defecto, o incluso, en muchos casos, reconocerlo; desean continuar en su error y Ten prosperidad o felicidad también. No hace falta decir que para ellos no hay alivio hasta que lo tienen. Sufrió un poco más, y ha sido suficientemente castigado para que hagan lo que sea necesario. los El hombre que bebe, por ejemplo, está seguro de arruinar su negocio, y usted no puede ayudarlo mientras lo haga. Prefiere el whisky a la prosperidad. Por supuesto, si él está tratando de renunciar al whisky, usted puede ayudarlo a hacerlo. Entonces, todo estará bien, pero de lo contrario, tendrá que seguir sufriendo hasta que su lección sea. aprendido. Otras personas se quejan de que no tienen amigos, no pueden tener sirvientes y que viven. vidas infelices, aisladas; y una conversación de unos minutos hace obvio que hay una un temperamento atrozmente malo allí que ha ahuyentado a todos. Si tales personas están preparadas para trabajar. Para cambiarse, el camino está despejado; pero hasta que lo sean, queda muy poco por hacer por ellos. Sin embargo, la mayoría de los que lean esto, buscarán la Verdad de la manera correcta, y buscarán la Verdad.

La verdad en ese espíritu es realmente haber venido a la Verdad. "No me hubieras buscado si no hubieras ya me encontré. "Por eso, no debes permitirte estar preocupado o deprimido simplemente Porque la demostración se retrasa. Si tienes la suficiente comprensión para creer en el tratamiento, tienes la suficiente comprensión como para saber que debe ser solo una cuestión de tiempo antes de que salgas de la madera, y ¿qué importa realmente si es un poco antes o un poco más tarde? Cualquier retraso para obtener resultados solo puede deberse a una de estas dos cosas: O la causa mental de su dificultad es muy profundamente sentado en tu conciencia y requiere mucho trabajo; o de lo contrario no eres aún trabajando de la mejor manera, y si esto es así, nuevamente será solo una cuestión de tiempo antes de que encuentres ¿Cuál es la mejor manera para ti. En otras palabras, una vez que estás en el Camino no hay prisa. "Oh, pero" dice alguien, "en mi caso hay la prisa más urgente, porque a menos que haga mi demostración para el sábado se emitirá el veredicto del tribunal en mi contra ", o" mis acreedores ejecutarán la ejecución hipotecaria "o "Perderé el bote", o lo que no. Pero la respuesta en la Verdad es todavía: No hay prisa , porque las puertasdel infierno nunca prevalecerá. Deja que el mal haga lo peor el sábado; Que la Corte emita su veredicto; deja el los acreedores asestan su golpe; Deja que el barco navegue. Cuando llegue el lunes, la oración seguirá poniendo todo. derecho, si puede obtener su realización, y si no es el lunes, luego el miércoles o el viernes, o el semana después de la siguiente. El tiempo realmente no importa, porque la oración es creativa, y construirá el Nuevo Jerusalén para usted en cualquier lugar, en cualquier momento, independientemente de lo que haya ocurrido, tan pronto como sea posible. puedes obtener tu realización de la Verdad, el Bien Omnipresente, Emanuel, que es Dios contigo. Esta es la Nueva Jerusalén que baja del cielo como una novia adornada para su esposo, y es Independiente de cualquier condición en el plano físico. Cuando estés en dificultades, considera la superación de ellos como una gran aventura. Resistir lala tentación de ser trágico, de dar paso a la autocompasión o al desánimo; y abordar los problemas como aunque eras un explorador que buscaba un camino a través del África más oscura, o un Edison que trabajaba para superar las dificultades en relación con una nueva invención. Sabes que hay una salida a cualquier cualquier dificultad, no importa lo que sea, a través del cambio de su propia conciencia mediante oración. Usted sabe que al elevar así su conciencia cualquier forma concebible de bien que usted el deseo puede ser tuyo; y usted sabe que nadie más puede, de ninguna manera, impedirle hacer esto cuando realmente quieres hacerlo: familiares, clientes, empleadores, el gobierno, malos tiempos, así llamado, nada puede impedirte la reconstrucción de tu propia conciencia, y esto La reconstrucción es la gran aventura.

Capítulo 13 - DEBES NACER DE NUEVO

Se nos dice acerca de la enseñanza de Jesús que la gente común lo escuchó con alegría. Esto podría Se han deducido fácilmente del estudio más superficial de los evangelios. El "hombre de la calle" poco sofisticado por la teología o la filosofía, tiene una percepción intuitiva de la verdad fundamental cuando Lo encuentra, que a menudo carece de mentes altamente entrenadas. Logros intelectuales pueden fácilmente engendrar orgullo espiritual, y este es el único pecado sobre el cual Nuestro Señor fue severo. Sin embargo, entre los sabios, también, hubo aquellos, los de mentalidad más espiritual, que se sintieron atraídos por el nuevo Profesor. Era poco convencional, sin esperanzas para las autoridades eclesiásticas, un flouter de tradiciones sagradas; y sin embargo, llama profundamente a lo profundo, y así tuvo sus amigos y Seguidores en lugares altos también. Uno de estos que se sintió irresistiblemente atraído por buscar más luz fue Nicodemo. Tenía la sed de cosas divinas que no se negarán, pero el coraje moral no era Su punto fuerte, y así buscó al Maestro por la noche. Que él debería haber ido en absoluto era prueba del poder apremiante del impulso. Claramente el desarrollo de su naturaleza espiritual fue, en a pesar de los defectos de carácter, lo principal en su vida, y claramente estaba insatisfecho con el progreso que estaba haciendo. Jesús, creía, tenía algo que dar que era vital, y ese don podría ser el secreto que hasta entonces lo había eludido, la clave que necesitaba para desbloquear lo espiritual tesoro de su alma. Jesús podría ser capaz de mostrarle por qué no había logrado hasta ahora; por qué, como deberíamos decir en la fraseología moderna, no había podido demostrarlo. Y el maestro La explicación fue simple, concisa, casi abrumadora en su franqueza. Él dijo: "Usted debe ser nacido de nuevo." Esta declaración resume toda la ciencia de la demostración tal como se practica sobre la base espiritual.

Verdaderamente es un libro de texto sobre metafísica comprimido en cinco palabras. Cuenta toda la historia. Tú quédate donde estés hoy, donde sea que estés, porque eres el hombre o la mujer que eres. Ahí es solo un camino bajo el cielo por el cual puedes ser llevado a otro lugar, y es por convirtiéndose en otro hombre o mujer. La persona que eres no puede estar en ningún otro lugar; una diferente No puedo estar donde estás ahora. Si desea subir más alto, puede hacerlo, y no hay límite para la altura que puedes alcanzar en ese vuelo; ¡Pero debes nacer de nuevo! ¿Por qué hacemos tan poco progreso, en comparación, es decir, con lo que podríamos y deberíamos hacer? ¿En vista del conocimiento que todos, en esta enseñanza, poseemos, al menos en teoría? Por qué No cambiamos día a día y semana a semana de gloria en gloria, hasta que nuestros amigos apenas pueden ¿Nos reconocen por los mismos hombres y mujeres? ¿Por qué no deberíamos marchar por el mundo buscando? Como dioses, y sintiéndolo; sanando instantáneamente a todos los que vienen a nosotros; reformando al pecador; ajuste los cautivos libres; y en general "haciendo las obras"? "¿Quién te estorbó?" Y la respuesta es que la demostración, como todas las demás cosas, tiene su precio; Que el precio es que estemos. Nacimos de nuevo , y eso en nuestros corazones secretos, con demasiada frecuencia, es un precio que no estamos dispuestos a pagar.Estamos enamorados del presente hombre o mujer, y de todas las cosas que los constituyen, y estamos No dispuesto a matarlos para que nazca el otro. Entramos en la Verdad con nuestro dedo meñique, y las grandes cosas no vendrán hasta que entremos con todo el cuerpo; y ahí está el problema. Entrar en la Verdad con todo tu cuerpo es llevar cada pensamiento y creencia consciente a la piedra de toque de la Inteligencia Divina y el Amor Divino. Es rechazar cada cosa, mental o Físico, eso no cuadra con esa norma. Es revisar cada opinión, cada hábito de El pensamiento, cada política, cada rama de la conducta práctica, sin excepción alguna. Esto, por supuesto, es algo absolutamente tremendo. No es mera limpieza de primavera del alma. Es Nada menos que un derribo al por mayor y la reconstrucción de toda la casa. ¿Es de extrañar que ¿Todos, excepto los espíritus más fuertes, lo eluden? Y, sin embargo, es de extrañar que sin él nunca se realmente llega a alguna parte? Significa, como dijo San Pablo, "morir a diario". Significa separarse de todos los prejuicios que tienes. Heredado y adquirido durante toda tu vida. Significa llevar el cuchillo a todas las pequeñas faltas de carácter, pequeñas vanidades, engaños menores, y todas esas formas menores de egoísmo y orgullo que Cristaliza tus articulaciones espirituales, y son tan queridas para ti. Puede significar renunciar a la cosa más grande en su vida actual, pero si lo hace, bueno, ese es el precio que debe pagarse, y eso es todo. Si no estás preparado para pagar este precio, bueno y bueno; pero no debes esperar recibir de La ley más de lo que pagas. Un dedo meñique en la Verdad está bien, pero solo puede producir un poco resultado del dedo. Para una demostración completa, todo el cuerpo debe estar lleno de luz. Usted debe ser nacido de nuevo.

Capítulo 14 - DICK WHITTINGTON

NAVIDAD es la temporada de Pantomima, en Londres, al menos, y pocas navidades pasan. sin la historia de Dick Whittington siendo contada de nuevo en algún teatro u otro. Los niños nunca Cansado de escuchar la historia del pequeño Dick y las campanadas, y los niños, en general, son buenos jueces de La verdad espiritual. Aunque nunca estaremos seguros de los hechos fríos sobre Sir Richard. Whittington que floreció en Guildhall hace tantos años, la Verdad espiritual sobre el pequeño Dick Whittington y lo que le sucedió esa noche en Highgate Hill es eterno. Para el beneficio de cualquiera que no haya escuchado la historia, se puede decir que Dick Whittington fue un Un niño pequeño que vivió en el Viejo Londres en la Edad Media, que era un huérfano, y sin amigos, y que estaba trabajando en el asfalto en la casa de un rico comerciante de Cheapside. Él era Sin embargo, los otros sirvientes los trataron con mucha crueldad, y por lo tanto, desesperado, decidió huir. lejos. No tenía a nadie que lo ayudara o aconsejara, nadie a quien pudiera buscar refugio o Aliento, y el lugar en el que se encontraba intolerable, Dick lo hizo. lo que hacen tantas otras personas: se escapó de su problema. Por supuesto, no tenía la menor idea de a dónde iba a correr, o qué haría cuando el llego alli Simplemente sintió que debía moverse a cualquier costo, y por eso huyó. Esta huyendo El problema de uno es probablemente lo más inútil en todo el mundo, por la sencilla razón de que todos sus problemas están realmente en su propia conciencia y, siendo su conciencia lo esencial Tú, no es posible huir de él. No hace la menor diferencia lo rápido que usted corre, o que tan lejos llegas; Tendrá que dejar de correr en algún momento, y cuando se detenga, habrá Encontrará sus problemas todos alineados esperándole. Habiendo traído tu conciencia, es decir, usted mismo, a lo largo, naturalmente, también habrá llevado sus problemas, a menos que y hasta que Los he resuelto, en la conciencia. Y así comenzó Dick, haciendo una línea recta lejos de Cheapside, y golpeando hacia el norte en la campos abiertos, a los que llegó muy pronto, ya que todo esto sucedió hace mucho tiempo. Siguió un Camino rural hasta que en la actualidad llegó a Highgate Hill, donde trepó. Comenzando a sentirse cansado por esta vez, se sentó cerca de la cima de la colina para descansar. Se nos dice que fue un hermoso verano. la tarde, y en el momento en que el sol comenzó a ponerse, las campanadas de Bow Church llegaron flotando a través del campos a donde se sentó. Bow Church se encuentra en Cheapside, cerca de la casa de la que estaba huyendo, y después de la misma San Pablo, fue, y quizás es, la iglesia más importante en el Ciudad de Londres. Si naces con el sonido de Bow Bells, eres un auténtico Cockney, pero si no no así verás lo importante que es. Para Dick Whittington, sin embargo, las campanadas de Bow Las campanas significaban mucho más que eso, ya que, a pesar de todos sus problemas, Dick tenía la la facultad espiritual casi maduró, y estaba lista para hablar en la Nueva Lengua (Marcos 16:17). "Pero, ¿cómo puede ser?", Puede preguntar, "que cualquier persona con una conciencia espiritual debería tener ¿dificultades? ¿No se nos enseña que la salud, la felicidad y la prosperidad son el fruto de esto? cosa? "Y este es un punto importante, y digno de consideración. Es perfectamente cierto que el la posesión de la facultad espiritual garantiza, y de hecho es la única garantía posible, para todos estas cosas. Pero la facultad espiritual tiene que ser reconocida, realizada y llevada a cabo en manifestación. En su estado latente no puede demostrar. Es proverbial que la mayoría de las personas que lo hacen desarrollar la conciencia espiritual a través de "venir a la Verdad", hacerlo como resultado de encontrar en dificultades, o estar abajo y afuera, para usar la frase coloquial, ya sea físicamente, Financieramente, moralmente, o de otra manera. La razón de esto es obvia una vez que tienes la clave para ello. Los niños de este mundo son más sabios en su generación que los Hijos de la Luz. Mundano, Gente con mentalidad material, no necesariamente gente malvada en ningún sentido, sino gente sin mucho conocimiento, desarrollo espiritual: están bien adaptados a las condiciones mundanas y, si son razonablemente sensibles La gente, se lleva lo suficientemente bien con el mundo como es. Aquellos, sin embargo, que han desarrollado y traídos a la manifestación, las facultades espirituales son de otro orden. Son los Hijos deLuz, y ya no pueden vivir ni moverse, ni respirar libremente en la atmósfera pagana de mammon. Ya no están bajo la ley inferior, sino bajo la gracia. Y estando bajo la gracia, que es la La divina política de Dios, graciosa y graciosa también, todo va bien y todas las cosas se agregan como la surgen necesidades Pero entre estos dos estados hay una etapa de transición, cuando la facultad espiritual ha sido desarrollado, pero es, por así decirlo, todavía en la matriz del alma, aún no nacido en el plano de manifestación; Y esta es la etapa donde aparecen tantos problemas. En esta etapa tu espiritualidad. la facultad, el Niño Maravilla, es lo suficientemente maduro como para haberte adaptado a la atmósfera del mundo, pero no es lo suficientemente maduro como para encargarse y gestionar sus asuntos a la luz del Espíritu. Y ahora es probable que tengas un mal momento. Porque no perteneces al mundo, te pateará. como un fútbol, y cuanto más luches, peor se pondrán las cosas. Esto, sin embargo, es el momento de regocijarse y elevar su corazón, porque ahora, si son fieles, su salvación está muy cerca. Estos golpes duros son la indicación de que usted ya no está atado a la ley material. El mas oscuro La hora es siempre justo antes del amanecer. Cuando el pequeño Dick Whittington se sentó en Highgate Hill, sonaron las campanas de la oración de la tarde. Cómo muchos miles de otras personas alrededor de Londres también escucharon esas campanadas, pero no encontraron nada en ellas fuera de lo común: cuántos hombres y mujeres cargados y cansados en las calles y callejones de La gran ciudad, o en los campos y caminos adyacentes, escuchó los mismos sonidos ese verano. al anochecer mientras flotaban sobre los techos de las casas, y sobre la tranquila campiña inglesa; y sin embargo, no recibió nada de ellos para ayudarles en su camino? Dick, sin embargo, tenía la facultad espiritual. bien desarrollado, aunque hasta el momento no lo sabía, y a él le hablaron claramente y sin lugar a dudas, tirando de él hacia arriba, sacando las escamas de sus ojos, y mostrándole con La claridad instantánea del siguiente paso que tuvo que dar. Dijeron claramente, sorprendentemente: "Gira otra vez, Whittington, tres veces lord alcalde de Londres ". Dick quedó atónito ante este mensaje, pero en la Al mismo tiempo, tan convencido que nunca dudó ni por un momento lo que tenía que hacer. Él De inmediato volvió sobre sus pasos; Regresé rápidamente a Cheapside y, de acuerdo con la historia, no solo nos enfrentamos al problema del que había estado huyendo, pero lo resolvió de la manera más completa y lejana. llegar a la manera. El niño maravilla nació. Parece que primero exigió y obtuvo sus derechos en la cocina, luego se graduó en el tienda, gradualmente se levantó a través de una combinación de inspiración e industria para ser un socio en su firma de la maestra, se casó con la hija de la casa, se convirtió en el principal comerciante de la ciudad de Londres, y, finalmente, como lo habían predicho las campanas, Lord Mayor. Es interesante notar aquí que la vieja leyenda lleva en detalle los distintivos de su inspiración. los El paso que Dick tuvo que tomar fue lo último que habría pensado hacer por su cuenta. cuenta. Eso suele ser lo que sucede cuando el Espíritu Santo está guiando. Cuando la voluntad propia susurra, El mensaje es generalmente el tipo de cosas que queremos escuchar, el tipo de cosas que tenemos Siempre aprobado, el tipo de cosas que deberíamos haber hecho en cualquier caso. El Espíritu Santo más A menudo nos dice que tengamos que enfrentarnos y revertir nuestra política. Nuevamente notamos que, habiendo recibido su Orientación, no había sombra de duda o vacilación en su mente. Cuando tengas dudas o confundido acerca de un pensamiento, probablemente no es de Dios. Cuando la Voz del Señor habla es Es probable que sea claro e inconfundible. De ninguna manera es verdad que lo que quieres hacer es necesariamente lo incorrecto, pero puede ser. Algunas personas han hecho una regla por sí mismos de pensando que lo que quieren hacer es probablemente incorrecto. Esta es una reliquia de la antigua teología. Si tu han estado orando regularmente, especialmente en la forma científica llamada Tratamiento, es muy probable que Lo que deseas hacer es lo correcto, pero tienes que asegurarte. La forma de asegurarse es Sigue orando hasta que tengas una pista clara. Cuando te sientas confundido o inseguro, reza por la paz. de la mente. Por lo general, es mejor no tomar medidas mientras tenga dudas. No se apure; Dios nunca hace. Si su guía no llega, es porque en su corazón realmente no la quiere, habiendo tomado ya tu mente; o es porque estás demasiado preocupado y tenso para escucharlo. Si el esta última es la dificultad, alegando que la paz mental la superará. Cuando trato de orientación, siempre diga: "El Espíritu Santo es Dios, y Dios siempre termina su obra y entrega sus mensajes. satisfactoriamente; por lo tanto, mi guía debe venir de una manera que sea muy clara para mí; Y yo dije que lo hará.

Capítulo 15 - LA YOGA DEL AMOR

Muchas aguas no pueden apagar el amor, ni las inundaciones pueden ahogarlo: si un hombre diera todas las sustancia de su casa para el amor, sería absolutamente condenada. TODAS las tradiciones antiguas nos dicen que hay más de un camino hacia la Gran Meta. Así como hay más de un camino por cada gran montaña, y sin embargo, todos los caminos se encuentran en la cima, por lo que en el Espiritual En busca de varios caminos, todos los cuales conducen, en su debido momento, al One Great End. Ahí está el camino del conocimiento. El verdadero conocimiento de las cosas divinas es uno de los caminos señalados para logro; pero ese camino no es de ninguna manera para todos. Y ahí está el camino de la acción, de Actividad organizada, tal vez habría que decir mejor, y el mundo también necesita esto; pero esto de nuevo usualmente pide un regalo especial y circunstancias especiales para aplicarlo. Y hay otros. El camino más corto y más fácil de todos es el Camino del Amor. Este es realmente el Camino Real para El logro de la Gran Meta. Es el más simple de todos los caminos, y es el más directo y el más fácil también. Y es el único camino que está abierto a todos, en todas partes, independientemente de cuál sea su Las condiciones personales o circunstancias circundantes pueden ser. Para todos, en todas partes, el verdadero. La iniciación, a través del Yoga del Amor, nos espera todos los días. En metafísica entendemos que el Amor Divino es la expresión completa de todo lo que significa la palabra religión; teniendo eso tenemos todo, y faltando eso, no tenemos nada. Por lo tanto, nos corresponde prestar algo de atención a lo que realmente queremos decir cuando hablamos sobre el amor. Por supuesto, no hace falta decir que no queremos decir amor personal. Eso está bien en su propio tiempo. y lugar, pero no es lo que estamos considerando aquí. En la enseñanza cristiana, el amor representa algo mucho más grande, más fino y más poderoso que cualquier sentimiento meramente personal. Desafortunadamente, al igual que con muchas otras ideas espirituales, no hay una palabra en el idioma que sea Perfectamente apropiado para expresarlo. El lenguaje material está hecho para satisfacer las necesidades materiales, y simplemente No expresará satisfactoriamente las verdaderas ideas espirituales. Para esto necesitamos la nueva lengua de la cual Jesús habló. Rara vez nos damos cuenta, creo, de lo mucho que realmente estamos en manos de los diccionario. Pensamos ciertos pensamientos; tenemos ciertas experiencias; y luego el lenguaje, con su límites duros y rápidos, dice: "No dirás esa cosa maravillosa; solo dirás esto". —Y encontramos en el papel la sombra pálida y sin vida de lo que cobró vida en nuestra alma. Así que realmente no hay palabra en el inglés moderno para expresar la verdadera idea cristiana del amor. Nuestro La Biblia en inglés usa la palabra "Caridad", y aunque sin duda esta palabra se ajusta a la necesidad bastante bien Hace cientos de años, desde entonces ha cambiado tanto en connotación que ahora casi no hay una palabra En el diccionario más alejado de lo que realmente queremos expresar. "Tan frío como la caridad", se ha convertido en una palabra secundaria. El pensamiento mismo de la caridad, es decir, de la necesidad de recibir caridad: solo ha llevado a miles de personas a quitarse la vida antes de lo necesario en contacto con la cosa terrible. Y, sin embargo, en su verdadero significado debería transmitir exactamente lo que queremos decir con Amor. Tal vez podamos abordar mejor la idea diciendo que el cristianismo entiende por amor la idea de Buena voluntad universal, pero más algo mucho más que la buena voluntad ordinaria: que algo que no es nada menos que Dios mismo. El amor es la fuerza motriz en la Mente, y es la calidad del Amor en la Mente lo que lo lleva a buscar Expresión más plena y más plena, porque el amor siempre debe ser expresado. Lo que llamamos Servicio, para utilizar el El término que felizmente ha llegado a un uso muy general en los últimos tiempos, es realmente Amor en acción. Los aspectos principales de Dios son: la vida, la verdad y el amor. Estos son la gran Trinidad en la cual la Mente. Se expresa, y veremos ahora en qué sentido son una y la misma cosa. La vida es existencia, y esta es la verdad del ser. Naturalmente, la vida debe tener libre expresión, y el amor es justo. esta misma cosa, esta perfecta expresión de la vida. En otras palabras, lo que llamamos Amor, es realmente el pleno y la expresión sin restricciones de la vida divina misma. Por eso siempre significa paz perfecta, perfecta. la santidad, la belleza perfecta, la alegría perfecta, y por qué Jesús dijo: "Vengo para que tengan vida, y para que lo tengan en abundancia ". Ahora vemos por qué lo contrario del amor es el miedo; y por qué el miedo es el enemigo supremo de la humanidad. Todo el mundo reconoce este hecho hoy. Toda la psicología académica está centrando su atención en el superar el miedo, y la mayoría de las escuelas de filosofía ahora también enseñan que el miedo es lo que tiene que ser desarraigado Y el miedo resulta ser simplemente la ausencia de amor. "El miedo tiene tormento pero perfecto El amor echa fuera el temor ". La única razón por la que tenemos miedo es porque no amamos lo suficiente a Dios. Si realmente amamos Dios la mitad de lo que nos amamos, ¿de qué debemos tener miedo? Un gran místico dijo: "Ama a Dios, y haz lo que quieras", sabiendo que con el amor de Dios en nuestros corazones nuestro la expresión solo podía ser perfecta; y un vidente moderno nos ha dicho: "Puedes deshacerte de cualquier dificultad. lo que sea de tu vida tan pronto como puedas amar a Dios más de lo que amas el error ". La ira, el rencor, el resentimiento y el odio, todas esas cosas, son tantas expresiones alternativas de temor. Los celos, la malicia y "toda descarada" denotan la creencia de que no hay suficiente bien para dar la vuelta y, por lo tanto, si el otro obtiene todo lo que quiere del bien, tendremos que ir corto; ¿Y qué es esto sino restringir la expresión de la Vida en el alma de uno? Si te atas una ligadura muy apretado alrededor de un miembro humano sabes lo que pasa; primero se paraliza, y En última instancia, si el proceso se mantiene durante el tiempo suficiente, la extremidad se marchita por completo. Ahora, la ausencia de Amor tiene exactamente este efecto sobre el Alma. Condena, resentimiento, mal. voluntad, son tantas constricciones en el flujo libre de la Vida, y como se les permite existir, más o menos, en tantas almas humanas, es de extrañar que el mundo esté lleno de pecado, enfermedad, ¿Y la muerte? - que los hombres y las mujeres envejecen, se cansan, se arrugan, se desgastan y finalmente pierden ¿Sus cuerpos en total? ¿Que la tierra está desolada por las guerras, el hambre y la pestilencia? Así comenzamos a ver la razón por la cual Jesucristo enseñó, bajo cualquier nombre que tenga. dado, siempre ha puesto mucho énfasis en la importancia sobresaliente del amor. A no ser que construimos dentro de nuestras propias almas una conciencia de Amor real y práctica, nuestras otras actividades Ser más o menos inútil. Si tenemos la conciencia de amor impersonal suficientemente desarrollada. hacia todos, todo lo demás seguirá. De hecho, muchos estudiantes han encontrado que muy notable Las cosas han seguido incluso unos pocos días de trabajo especial sobre este tema. Todo tipo de personal.

Las dificultades simplemente desaparecen después de que las personas se hayan tratado un tiempo por amor. Como el los meses a lo largo de sus caras a veces se alteran de manera notable, ya que el cuerpo es casi el primero Cosa para responder a la libertad del miedo y el resentimiento. La gente me ha dicho que se han sentido. Veinte años caen de sus hombros, después de tratarse por unos días a lo largo de estas líneas: y como eran sus hombros, debían saber.Cuanto más aprendes de tu religión, más reuniones asistes y más libros lees, cuanto más poderoso se vuelve tu pensamiento, y más sensible es tu alma. No puedes financiar hoy para tener pensamientos erróneos que hubieran importado muy poco hace cinco años. Seras mucho más severamente castigado por cada lapso ahora de lo que hubiera sido al principio, y esto es en general bien El

Camino del Amor que está abierto a todos en todas las circunstancias, y en el que puedes Paso en cualquier momento, en este momento si lo desea, no requiere una presentación formal, no tiene entrada Examen, y sin condiciones. No requiere un laboratorio costoso para trabajar, Porque tu propia vida diaria y tu entorno cotidiano son tu laboratorio. No necesita Biblioteca de referencia, sin formación profesional, sin aparatos externos de ningún tipo. Todo lo que necesita es que debe comenzar firmemente a expulsar de su mentalidad todo pensamiento personal condena (debe condenar una acción equivocada, pero no el actor), de resentimiento por viejas lesiones, y de todo lo que sea contrario a la ley del amor. No debes permitirte odiar ... ya sea persona, o grupo, o nación, o cualquier cosa. Debes construir mediante el ejercicio diario fiel la verdadera conciencia de Amor, y luego todo el resto de El desarrollo espiritual seguirá sobre eso. El amor te sanará. El amor te consolará. El amor lo hará orientarle. El amor te iluminará. El amor te redimirá del pecado, la enfermedad, la muerte y el plomo. Usted en la tierra prometida, el lugar que es del todo encantador. Usted puede decirse definitivamente: "Mi mente está decidida; he medido el compromiso; he contado el costo; y estoy resuelto a alcanzar la Meta por el Yoga del Amor. Puedo hacer esto y lo haré. Otros pueden perseguir el conocimiento hasta los confines más lejanos de su maravilloso crecimiento; otros de nuevo pueden organizar grandes y maravillosas empresas para el beneficio y la elevación de la humanidad; y aun otros puede enseñar, y sanar, y explorar, o, si ellos sienten la llamada, pueden escalar las alturas austeras de ascetismo; Pero he elegido el yoga del amor . De aquí en adelante mi campo de trabajo está aquí en mipropia conciencia, y todos mis esfuerzos y energías se dirigirán a la limpieza y purificación De eso de todo eso no es amor. Momento a momento, día a día y semana a semana, haré root De mi propio corazón, cada átomo de condena de mi hermano hombre, sin importar quién o dónde. él o ella puede ser, o lo que hayan hecho; Cada átomo de resentimiento por cualquier crueldad o la injusticia que me ha sido mostrada, o la que amo; cada partícula de celos de los demás, por muy hábil que pueda ser disfrazarse; cada pensamiento o sentimiento más pequeño, en resumen, que es No es una expresión del Amor Divino. Mi propio corazón es ser mi taller, mi laboratorio, mi gran Empresa y contribución a la humanidad ". Este es el Yoga del Amor, y si bien no requiere ningún equipo más allá de la disposición para practicarlo, sin embargo, es probable que esa disposición cueste tanto en la forma de un auto sacrificio efectivo que aquellos que verdaderamente Buscalo son comparativamente pocos. No solo es el más simple, es el más grande de todos los caminos, excelente en La magnitud de sus resultados individuales, y grande en el trabajo que realiza para el conjunto. carrera. Practicar de manera efectiva el Yoga del amor es la forma más rápida de demostrar todo tu propias dificultades, y debido a que tu mente es parte de la mente de carrera, en realidad es la más rápida y La forma más amplia en la que puedes elevar la carrera también. Es el único camino que en la práctica está abierto para que todos puedan ingresar, en cualquier momento. Aqui los aislados el estudiante no está en desventaja en comparación con alguien que puede dirigir una enseñanza eficiente. Aquí el El pobre hombre o mujer tiene una igualdad perfecta con el millonario, y el aburrido tiene exactamente lo mismo. Ventajas, ni más ni menos, como las intelectualmente brillantes. El hombre o la mujer que se gana una vida modesta en la fábrica o en la tienda puede practicar el Yoga de Ama allí mismo, en el mismo entorno en el que se encuentran. El ama de llaves en casa, el marinero en alta mar, el granjero en su campo, la enfermera o el médico en la sala, tienen a su alrededor en sus deberes el material perfecto para el Yoga del Amor. La única pregunta es si uno está realmente dispuesto a pagar el precio, está realmente preparado para poner a Dios primero.

Capítulo 16 - EL DESEO DE TU CORAZÓN

Un viejo adagio dice: "Dios tiene un plan para cada hombre, y tiene uno para ti", y esto es absolutamente correcto. Su problema real, por lo tanto, de hecho, el único problema que tiene, es Encuentra tu verdadero lugar en la vida. Encuentra eso, y todo lo demás seguirá casi automáticamente. Tú será perfectamente feliz; y sobre la felicidad, la salud seguirá. Serás realmente próspero. Tendrá todos los suministros que necesite para satisfacer sus necesidades, y esto significa que tendrá perfecta libertad Porque la pobreza y la libertad no pueden ir juntas. Hasta que encuentres tu verdadero lugar en Sin embargo, la vida nunca será realmente feliz, no importa cuánto dinero o distinción pueda adquirir; y hasta que seas feliz, no serás sano ni gratis. Quienquiera que seas, Dios no te ha hecho sin un propósito definido a la vista. El Universo es un universo; es decir, es una armonía unificada, un esquema divino. No puede, por lo tanto, existir tal cosa. como un inadaptado, o una pieza no deseada o innecesaria. No podía pasar que Dios pudiera crear un espíritu espiritual. entidad como usted, sin tener un propósito especial a la vista, y esto significa que hay una Lugar especial y particular en él para ti. Dios nunca se repite, y por eso nunca lo ha hecho. dos personas por igual, y es por esta razón que dos personas nunca podrían hacer el mismo trabajo, o Expresarse de la misma manera. Es por eso que, correctamente entendido, realmente no es necesario que haya competencia. No es necesario que haya dos mil personas luchando por el mismo lugar en la vida Cualquiera que sea el lugar, solo puede haber una persona que lo llene perfectamente; y hay mil novecientos noventa y nueve lugares en algún lugar esperando al otro Personas si tan solo las encontraran. Pero, ¿cómo se puede encontrar su verdadero lugar en la vida? ¿Hay algún medio por el cual puedas descubrir qué? ¿Realmente es lo que Dios desea que hagas? Puede sentirse inclinado a decir: "Incluso si es verdad que Dios tiene una cosa espléndida que Él desea que haga, y que sea, ¿cómo puedo descubrir qué es lo que es? "Tal vez incluso puedas sentir la tentación de agregar:" Soy una persona muy simple y cotidiana; mi las circunstancias son extremadamente restringidas; Las condiciones de mi vida son simplemente monótonas. Cómo ¿Entonces puede haber algo maravilloso, hermoso, espléndido esperándome? O, incluso si hubiera, ¿Cómo podría llegar a saberlo? "Y la respuesta es Divinamente simple: Ya en tu vida pasada de vez en cuando, Dios mismo ha susurrado en tu corazón, simplemente que maravilloso Lo que sea, sea lo que sea, que Él está deseando que seas, que hagas y tengas. Y esa cosa maravillosa No es nada menos que lo que se llama el deseo de tu corazón . Nada menos que eso. El mas secreto,deseo sagrado que se encuentra en lo profundo del fondo de tu corazón, lo maravilloso que apenas Atrévete a mirar o a pensar en algo que preferirías morir antes que alguien más sepa. de, porque parece ser mucho más allá de lo que eres, o tienes en el momento presente, que temo que serías cruelmente ridiculizado si se supiera tan solo el pensamiento de eso, eso es sólo el muy Cosa que Dios desea que hagas o seas para él. Y el nacimiento de ese maravilloso deseo en tu alma, el amanecer de ese sueño secreto, fue la Voz de Dios que te dice que te levantes y sube más alto porque Él te necesitaba. Dios es la Mente Infinita, y esa Mente siempre busca más y una nueva expresión. "Por tal el El Padre busca adorarle. "Ahora, porque eres un ser humano, estás destinado a ser un Nuevo punto de expresión para Dios: un punto focal en la Mente Infinita, de hecho, algo así como un elemento eléctrico. La lámpara puede considerarse como un punto focal para la manifestación de la corriente eléctrica en el circuito. UNA punto focal para la autoexpresión divina: eso es lo que se pretende que seas; y si eres dispuesto a ser eso, entonces cumplirás tu destino y experimentarás absolutamente Felicidad y armonía perfectas y sin mezcla, y desarrollo eterno e irrestricto. Unos pocos la gente ha logrado esto, pero todavía son comparativamente pocos. La gran mayoría tiene vidas plenas. de problemas de un tipo u otro que todavía tienen que resolver. Si uno tiene cuerpo perfecto. salud —y cuán

pocos tienen incluso esto, salud realmente perfecta—
entonces probablemente tengan dificultades; o puede ser
problemas familiares, una vida hogareña infeliz. Si salud,
finanzas y hogar. Las relaciones son satisfactorias, todavía
puede haber un sentimiento de frustración en otras
direcciones. En cualquier caso, en La ausencia de plenitud
integral y armonía de expresión, produce frustración; y
frustración significa problemas La psicología moderna se ha
estado dando cuenta lentamente de que muchos males
humanos son trazables a los trastornos mentales. supresión,
pero nuestro estudio de la Verdad fundamental nos enseña
que todos los problemas de todo tipo son realmente el
fracaso por parte del individuo para ser un punto focal de
expresión completamente libre para Dios. Usted dice que es
infeliz, insatisfecho, quizás enfermo o empobrecido, un
fracaso; y esto es simplemente Otra forma de poner el
hecho de que no estás permitiendo que la Voluntad de Dios
tenga juego libre en tu vida. - No estás haciendo lo que Él
quería que hicieras . Estás a la deriva; o si no estás
tratandohacer algo que Él nunca quiso que hicieras, y
hacerlo mal, y distorsionar tu alma en el proceso. Es inútil
culpar a la Providencia por sus problemas, o esforzarse por
cargar con la responsabilidad otra gente. El universo opera
estrictamente de acuerdo con la Ley, porque Dios, entre
otras cosas, Es un principio, o ley, y donde la ley se obtiene
no puede haber lugar para la idea de la culpa. Si tu rompe
una ley, sufres las consecuencias, y eso es todo lo que hay al
respecto. No es una cuestión de culpa. o el castigo. Es solo
una cuestión impersonal de causa y efecto. Esto puede
parecer difícil al principio Mira, pero en realidad es tu

garantía segura de la victoria y la libertad definitivas. La ley impersonal es seguro que te hará daño cuando trabajas contra él, pero, por la misma razón, es igualmente seguro que te ayudará Tú y te curas cuando trabajas con ello. Se puede pensar en un alma humana como una abertura a través de la cual la Energía Infinita está buscando una creatividad salida. Si esa salida es un canal claro y abierto, todo está bien. Si, por otro lado, se convierta en Obstruida por cualquier medio, entonces la Energía Infinita, la Fuerza Vital está frustrada, reprimida, y todo tipo de tensiones locales se establecen en esa alma; y estos los vemos como enfermedad, pobreza, temor, ira, El pecado, y todo tipo de dificultad. Ahora estamos en condiciones de comprender lo que debe ser el verdadero arte de vivir. Debe ser para hacer esto. canal claro, y para mantenerlo claro; y si solo hacemos esto, encontraremos que la salud, la prosperidad, La autoexpresión completa —la verdadera felicidad, en breve— luego seguirá automáticamente. La gente trabaja tan duro para traer salud a sus cuerpos; para traer prosperidad, para traer felicidad, paratraer el éxito en sus vidas; para llevar dones o talentos artísticos o literarios a su alcance, para llevar grandes nuevas ideas desde el exterior; y, por supuesto, fallan continuamente, porque no podemos "traer" una solo una de estas cosas desde el exterior al interior. El desarrollo real es sólo el muy inversa: deben liberarse desde el interior para que aparezcan en el exterior. En breve, No tenemos que construir desde el exterior; nuestra tarea, como dice Browning, es "liberar a los presos esplendor." Este proceso, la verdadera manera de trabajar de la naturaleza, está bien ilustrado por una simple anécdota. UNA cierto hombre estaba trabajando en su jardín, asistido por su pequeña niña. Ella había emprendido el interesante Tarea de regar el césped mediante la habitual manguera de goma. Los asuntos procedieron armoniosamente. suficiente hasta que de repente gritó de decepción: "Papá, el agua se ha detenido". El padre miró y, tomando la situación de un vistazo, dijo en voz baja: "Bueno, quita el pie de la manguera. "La niña había colocado inadvertidamente el pie y la mayor parte de su peso sobre la goma blanda tubo, y así, por su propia acción, cerrar el agua que ella necesitaba. Ella, por supuesto, la sacó. Pie a la vez, después de lo cual el agua volvió a fluir libremente. Cinco minutos más tarde, una vez más lloró de mala gana: "Papá, el agua se ha detenido de nuevo". Su El padre miró a través y observó que ahora ella había colocado su otro pie sobre la manguera. Él Respondió: "Bueno, quítate el pie". El niño lo hizo, y de nuevo la corriente fluyó libremente, y, como ella En ese momento ya había aprendido la lección, no repitió el error y completó la interesante Tarea que ella había elegido, con mucha satisfacción para sí misma. La causa última de todos nuestros problemas es precisamente esto. Detrás de todas las causas secundarias y próximas se encuentra. El mismo error primario. Hemos estado actuando como la niña en la historia; hemos sido presionando nuestros pies y todo el peso de nuestra mentalidad sobre la línea de la tubería de la vida, y luego Quejándose amargamente porque el agua no fluye. El negocio del hombre es, con razón, manejar su Energía espiritual divina, y cuando hace esto, ha encontrado su verdadero lugar, y luego todo va bien. Solo hay una

Energía Fundamental en el universo, pero nosotros podemos aplicar esta energía. constructiva o destructivamente, porque Dios nos ha dado el libre albedrío. Cuando lo usamos constructivamente, estamos actuando en armonía con la Voluntad de Dios, y nos estamos mejorando a nosotros mismos Y nuestras vidas en todos los aspectos posibles, y también estamos ayudando al mundo en general. Cuando usamos destructivamente, nos dañamos, retrasamos nuestro progreso y desperdiciamos la oportunidad de ayudar la humanidad en general Usamos nuestra energía destructivamente cuando pensamos o hablamos de miedo y limitación; cuando nosotros refunfuñe, o ceda a la autocompasión, o complazca en inútiles arrepentimientos, o, de hecho, en cualquier forma de negativa. pensando. Sobre todo, usamos nuestra energía dada por Dios destructivamente cuando tenemos pensamientos de La crítica y condena de los demás. Toda amargura, resentimiento, orgullo espiritual y autoestima. justicia, son métodos peculiarmente desastrosos de mal uso del Gran Poder, y es por eso que tales el pensar causa el terrible caos que hace en la vida de las personas. Cuando estamos en una condición de miedo, enojo o preocupación, nuestra Energía Divina, en lugar de fluir en algunos El trabajo positivo y creativo se convierte en una represa dentro de nosotros mismos, como el agua en la manguera del jardín. y produce todo tipo de problemas en el alma y el cuerpo. Mientras tanto, nuestro verdadero trabajo en la vida se pierde en conjunto, o, hambriento de la fuente de Fuerza Vital que debería recibir, languidece En consecuencia, y obtenemos mediocridad, pobreza y fracaso.

Es por esto que todos los verdaderos líderes espirituales son tan insistentes en la necesidad de desinterés en el motivo, por perdón de los demás, y también de nosotros mismos, y por una actitud general de paz y buena voluntad hacia todos; solo de esta manera podemos obtener ese sentido de verdadera armonía y libertad que permitirá al Claro flujo sin obstrucciones de la Mente Divina a través de nosotros. Solo así podremos convertirnos en un libre Canal para que la Energía Divina se exprese en el punto del Ser, que es nuestro Ser. Esta estado espiritual de conciencia en el que la Fuerza de Vida encuentra la salida no restringida que es tan esencial si vamos a experimentar cualquier tipo de bien, se conoce técnicamente como serenidad y serenidad,Los grandes místicos nunca se cansan de decirnos, viene de dentro. No debe imponerse desde sin manipular las condiciones o circunstancias, o por cualquier ejercicio de la voluntad, pero solo puede se deriva de lo natural, que fluye libremente de nuestra Energía Divina. Es importante entender también que, para propósitos prácticos, la cantidad de esta Energía que uno tiene a su disposición es limitado, y, por lo tanto, todo lo que se desperdicia en forma innecesaria o insignificante La actividad o el pensamiento se saca tanto del capital de uno, tanto se retira de las cosas que Realmente importa en la vida. Si solo la gente entendiera esto, se ahorraría una gran cantidad de desgaste en el transcurso del día. Y, si todos los desperdicios son tontos, cuanto más mortal es despilfarrar los recursos de uno sobre el tipo de pensamiento que es absolutamente destructivo. Sin embargo, tengogente conocida, como supongo que todos tenemos, en realidad

para ensayar los problemas de antemano, por lo tanto, de
Por supuesto, haciéndolo a sí mismos, diciendo cosas que
nunca tuvieron suerte, que estaban bastante seguros de
que fallaría algún esquema importante, que esperaban
estar enfermos, y por eso en. Quien entienda la Ley del Ser
y cómo funciona, no pensará más en perder. pensamiento
al permitirse ocupar su mente con una falta de armonía que
un hombre de negocios Sueña con tirar el dinero en la
cuneta mientras caminaba por las calles. En lo que respecta
a Dios, nuestro suministro de Energía Divina es, por
supuesto, absolutamente ilimitado; ahí No hay ningún tipo
de verificación de la cantidad que podamos asignar o, por lo
tanto, de la Cosas que podemos hacer o ser. Sin embargo, a
efectos prácticos, sigue siendo que en un momento dado
puede extraiga de la Fuente inagotable solo de acuerdo con
la medida de su comprensión, así como puede extraer agua
del Atlántico solo de acuerdo con el tamaño de la
embarcación que utilizar. Si tienes una jarra de pinta, solo
puedes obtener una pinta de agua de mar, aunque la
cantidad de pintas En el Atlántico se topa con figuras
inconcebibles. Al mismo tiempo, es bueno recordar que
muy pocas personas, de hecho, dibujan algo parecido a la
Energía Divina que podrían dibujar, incluso con su
comprensión actual. Casi todos están tontamente contentos
de llenar su jarra, tan pequeña como puede ser, en un lugar
muy lejos de la cima. Ahora quedará claro para el
estudiante que el descontento no es necesariamente algo
malo. Por el contrario, Es tu deber estar descontento con
algo menos que la completa armonía y la felicidad. El
descontento es un mal solo cuando toma la forma de

desaliento, cinismo o desesperación. UNA el descontento saludable con la embotamiento, el fracaso y la frustración es su incentivo para superar tales cosas. Sin él, nunca encontrarías tu verdadero lugar. Pero, quienquiera que seas, tu verdadero lugar es llamando, llamando; y, como realmente eres una chispa de lo Divino, nunca estarás contento hasta que contestas. Recuerda que este llamado es el llamado de Dios, y cuando Dios te llama a Su servicio, Él paga todos los Gastos en cualquier tipo de moneda. "¿Qué soldado va a la guerra a su cargo?" Lo que sea tu Puede requerir responder a ese llamado, Dios proveerá. Dinero, oportunidad, introducciones, conocimiento, entrenamiento, libertad, ocio, fuerza y coraje; todo lo que Él proporcionará, si se trata de su negocio y no los tuyos. El Deseo de tu Corazón es la Voz de Dios, y esa Voz debe ser obedecida tarde o temprano.

Capítulo 17 - EL HOMBRE BOGEY BAJO LAS ESCALERAS

ESTE capítulo está dirigido a personas que están preocupadas por algo. Nunca le digo a la gente que no preocupación. Hacer eso es patear a un hombre cuando está abajo. Es de suponer que se están preocupando por ¿La diversión de la cosa, porque les divierte? Si es así, la enfermedad no sería una preocupación, y llamaría para diferentes tratamientos. Por supuesto, hay personas que se quejan y se quejan porque les gusta hacer asi que. Es una condición mala para estar y necesita atención urgente, pero no es un caso de preocupación. No, la preocupación es el infierno, y un infierno del cual la víctima está tan encantada de escapar cuando ve. La sombra más tenue de una oportunidad. ¿Es realmente posible deshacerse de la preocupación? Eso depende totalmente de Si entiendes o no la verdad del ser. Si lo haces, la respuesta es, sí. Considere lo siguiente: Un bogey en el que no cree no tiene poder para lastimarlo o preocuparlo. El hombre Bogey que vive debajo de las escaleras del sótano no puede asustarte ni engañarte ahora, porque tú no creas en él; Pero cuando tenías tres años era muy diferente. Luego tuvo el poder elevar sus latidos al galope, extraer toda la sangre de sus mejillas, colocar sus rodillas golpeando juntos, y literalmente cuajar la comida en su pequeño estómago. Dadas condiciones favorables Él pudo haber detenido tu corazón por completo y matarte. Sin embargo, hoy no puede causar un parpadeo De una pestaña, porque no crees en él. Esa es toda la diferencia. Nada en realidad ha cambiado. Allí no hay un Hombre Bogey, y nunca hubo uno en ningún momento; la diferencia es en ti. Ahora has cambiado tu pensamiento. Usted ha encontrado que él era sólo un fantasma, y por lo tanto usted son gratis. Ahora es exactamente lo mismo con cualquier otro tipo de mal que pueda parecer que se muestra en su experiencia, porque todo mal es un fantasma. Está ahí solo porque crees en él, y desaparecerá. directamente dejas de creer en ello. La única "vida" que tiene es lo que recibe de usted. Lo único El poder que tiene sobre ti es lo que le das en la creencia. Cualquier objeto o situación material puede transformarse en otra cosa por tratamiento espiritual o La oración científica. No importa cuál sea el estado actual de cualquier objeto, digamos un órgano del cuerpo, puede ser, Se puede cambiar para mejor por la oración científica. No importa lo que haya ocurrido en algunos En el pasado, ahora se puede cambiar en un acontecimiento diferente mediante la oración científica. No importa qué podría suceder mañana, sin oración, se puede hacer que suceda de manera muy diferente por medio de La oración científica. Su esguince de tobillo, o las consecuencias para usted de haber arruinado su vestido Con la botella de tinta, se puede transformar completamente mediante la oración científica. La demanda de la semana pasada, o La operación de la próxima semana, y todas las posibles consecuencias que surjan de ella, pueden ser eliminadas por completo. Fuera de la conciencia, la conciencia de todos; o pueden ser tan cambiados de carácter que son vistos como una bendición para todos los involucrados. A veces sucede, por ejemplo, que compras algo artículo, pagando, tal vez lo que es para usted una considerable suma de dinero por ello, solo para descubrir cuándo tienes en casa que has cambiado de opinión y deseas, demasiado tarde, que no hayas comprado eso. No importa. Ora científicamente, y pronto percibirás que era lo correcto obtener después de todo, y se regocijará por la compra, o de alguna otra manera obtendrá satisfacción en cuanto a ello. Por supuesto, las cosas solo se pueden cambiar para mejorar con la oración científica. Dado que estas cosas son verdaderas, y lo son, queda claro que el plano material no puede ser "real" en la sensación de ser fijo o permanente; y una vez que comprendemos este hecho, ya no tiene ningún poder para nos duele. La verdad es que nuestras condiciones materiales no tienen identidad en sí mismas, siendo solo el destacando las convicciones en nuestras mentes y, como siempre tenemos el poder de cambiar nuestra convicciones, se deduce que siempre podemos cambiar la imagen externa también. Entonces, su problema actual, sea cual sea, es exactamente como el Hombre Bogey debajo de las escaleras del sótano. Es solo un fantasma, y el único poder que posee es el poder que le estás otorgando al creer en él. Tú debe dejar de creer en ello, y para hacer esto solo es necesario orar lo suficiente, o conseguir a alguien más hacerlo por ti, y esa imagen infeliz cambiará, gradualmente o rápidamente, en algo bastante diferente de lo que es ahora, o bien desaparecer por completo. Con suficiente oración científica puedes incluso hacer que desaparezca completamente de la memoria, pero eso probablemente no sea necesario. No querrás olvidar al Hombre Bogey debajo de las escaleras; usted está bastante indiferente acerca de él porque realmente sabes que él es solo un mito. Ahora verás por qué es posible deshacerte de la preocupación. Cuando pueda decir con confianza: "Sí, en la En este momento parece un mal negocio, pero sé que por un tratamiento espiritual activo puedo cambiarlo. en una situación bastante diferente, "la verdadera preocupación se acaba, y solo es una cuestión de tiempoantes de que la salud, la felicidad y la prosperidad se conviertan en el gobierno de su vida. "El nombre del Señor es una torre fuerte; el justo (Pensador Correcto) corre hacia ella y está a salvo".

Capítulo 18 - SIN RESULTADOS SIN ORACIÓN

HAY un solo método de progreso espiritual, y eso es por la Práctica de la Presencia de Dios, Ya sea que llamemos a esta oración científica o tratamiento espiritual. No hay otra manera. La humanidad es continuamente buscando descubrir un atajo de algún tipo u otro, porque la mente carnal es constitucionalmente perezoso pero como de costumbre, la persona perezosa hace más dolores a largo plazo, y teniendo desperdiciando su tiempo en vagar por los caminos, en última instancia, son impulsados por el fracaso y el sufrimiento a la realización de la gran verdad de que no hay sustituto para la oración. Esto no significa que cualquier forma particular de oración sea esencial, pero debe haber oración; es decir, la morada consciente sobre el ser de dios He oído decir a la gente: "No traté cuando tal surgió un problema; Acabo de saber la verdad al respecto, y el problema desapareció. "Pero esto, por supuesto, es exactamente qué es la oración científica o el tratamiento, y en su forma más bella y efectiva. Un tal persona realmente significa que no han usado alguna forma de expresión rígida o cristalizada que, No hace falta decir que no es, en lo más mínimo, esencial. Tratamientos formales o establecidos son cosas útiles para tener por uno, a retroceder cuando la espontaneidad falla. Luego ayudan a enfocar el pensamiento, y generalmente establecen El pozo natural a-burbujeante. Pero, el pensamiento es la cosa, y el más simple y espontáneo. es, y cuanto más rápido llegue, mejor. Si su naturaleza intuitiva está bien desarrollada, rara vez necesitará utilizar declaraciones formales. Esto es excelente, ya que quienes se molestan en subir una escalera cuando son lo suficientemente fuertes como para saltar ¿la pared? Desafortunadamente, sin embargo, hay una gran cantidad de personas con poca o ninguna intuición. desarrollo, y muchas otras personas pierden la capacidad de

recibir mensajes intuitivos cuando preocupado o asustado
Entonces la escalera probablemente será su salvación. No
se debe pasar por alto que muchas personas realmente
hacen todo su trabajo con declaraciones formales. de la
Verdad, y obtendrás siempre buenos resultados trabajando
de esta manera. No a través de repetir Afirmaciones como
un loro, no hace falta decirlo. Aquellos que trabajan como
un loro inevitablemente hacen el Demostración del loro:
permanecen en la jaula. De un buen trabajador que usaba
las mismas frases. muchas veces fue dicho por un amigo: "Él
usa constantemente las antiguas afirmaciones, pero las
rellena con un sentimiento fresco cada vez ". Para alguien
que no tiene mucho poder intuitivo en su comando, ni
tampoco la capacidad de expresar fácilmente sus
pensamientos en palabras, este es un procedimiento
modelo. Mientras tanto, en tal caso, el estudiante debe
tener especial cuidado de no aceptar su falta de poder
intuitivo como una cosa fija, pero reconocerlo simplemente
como una discapacidad temporal para ser superar
gradualmente De hecho, tal persona debe hacer un punto
especial de tratarse a sí mismos por poder de intuición
regularmente todos los días, al reclamarlo, por supuesto ,
tengo conciencia Divina Inteligencia. Yo individualizo la
omnisciencia. Tengo conocimiento directo de la verdad.
Tengo perfecta intuición. Tengo percepción espiritual. Lo sé.
Por lo tanto, vemos que prácticamente todos los
estudiantes de la Verdad, de hecho, emplean el tratamiento
en una forma o otra, aunque lo rechacen. Hay, sin embargo,
algunas personas que realmente se abstienen de todos los
tratamientos en principio, pero como nunca se ha oído

hablar de su curación a nadie, y Parecen estar continuamente en dificultades personales de todo tipo, los hechos hablan por sí mismos, y solo Vaya a demostrar la regla de que el tratamiento, o la práctica de la presencia de Dios, es el único camino hacia armonía.

Capítulo 19 - La fe

La fe es la sustancia de lo que se espera, la evidencia de lo que no se ve. Porque por ello los ancianos. Obtuve un buen informe. - Hebreos 11: 1-2HAY una gran cantidad de ideas erróneas entre los estudiantes de la Verdad sobre el tema de la Fe. Algunos Los que están en la base espiritual confunden la idea de fe con el tipo convencional de fe. La curación que siempre se desvanece en la reputación tarde o temprano porque no se puede confiar en ella para dar resultados estables Sin embargo, la fe, bien entendida, es una parte necesaria de toda demostración. La confusión surge porque la fe ciega no es realmente fe, sino algo completamente diferente;a saber, la esperanza. Ahora, Hope no es de la menor utilidad en demostraciones: frágil, anémica, infructuosa. En los resultados, es ella quien enferma el corazón. Es su hermana mayor, Fe, quien es la sustancia , laLa evidencia, la segura y cierta precursora de la victoria. Esto es así porque la fe bien entendida es El resultado de la comprensión del Principio. Cuando tenemos una comprensión adecuada de lo verdadero. Naturaleza del ser, tenemos fe en que la ley, aplicada adecuadamente, no puede y no nos fallará; y entonces, cuando se presenta un problema práctico, un llamado a la curación o suministro, tal vez, un sonido La comprensión de esta ley produce la

convicción científica, y luego la demostración.
necesariamente sigue. Así son los Ancianos, aquellos en
posesión de la comprensión espiritual, quienes Recibe el
verdadero informe o demostración. El Nuevo Testamento,
entre muchas otras cosas, es el libro de casos de un
sanador, y en la mayoría de los casos citada, se consideró
que la fe era un preliminar necesario: "Extiende tu mano".
Lo esencial La doctrina sobre el tema se presenta en el
episodio dramático del marchitamiento de la higuera. los El
Maestro deseaba demostrar a sus alumnos el poder de
comprender el pensamiento. Por esta razón Él destruyó la
higuera. Naturalmente, no seleccionaría un animal para este
propósito, y un mineral habría sido inútil. Una planta era lo
apropiado para experimentar. Al día siguiente, los discípulos
se asombraron al descubrir que el árbol contra el que había
corrido la palabra hablado fue destruido. Al llamar su
atención sobre esto, dijo en efecto: "Sí, y eso te muestra el
poder del pensamiento entrenado: esto te sorprende, pero
te digo que podrías Ordena que la montaña misma sea
lanzada al mar, y sucedería, si realmente lo creyeras, y no
dudó en sus corazones ". Luego agregó significativamente:"
Antes de practicar el poder de la palabra, si no estás en paz
con todos, date un capricho hasta que lo estés. " * Este
episodio es tandramático y tan sobresaliente una vez que
entendemos la naturaleza del pensamiento, nos sorprende
que El mundo podría haberse perdido tanto tiempo. *
Mateo 21:19. Marcos 11: 12-14; 20-26. El incidente de
cierre es particularmente notable: les advirtió sobre
pensamientos hostiles o críticos, por el daño que se harían a
ellos mismos. Mucha gente le teme mucho a los

demás.pensamientos, pero no hay necesidad de tal miedo. Nada puede entrar en tu experiencia a menos que primero entre en tu mentalidad y nada pueda entrar. tu mentalidad, a menos que encuentre algo parecido a sí mismo, a la que pueda unirse. Mientras Tu corazón está realmente libre de mala voluntad, estás perfectamente a salvo. Por otro lado, el uso del poder. El pensamiento en hostilidad hacia otros solo podría resultar en un sufrimiento y un castigo muy severos para tú mismo. Según tu creencia se te hace. Pensar mal de Tom, Dick o Harry es pensar piensa mal y pensar mal, ipso facto , es reclamarlo sobre ti mismo.Hay muchos que aprecian el poder de la fe, pero lamentan no poseerlo y temen que por eso no pueden hacer ningún progreso en la Verdad. No hay necesidad de tal aprehensión. La Voluntad de Fe en sí misma constituye Fe, con el propósito de un acto o tratamiento metafísico, y es suficiente. Desvístete de tus propias dudas. Retira tu consentimiento, y pierden todo. poder. No eres tu mente, no eres tus pensamientos, no eres tus dudas. Decir que sí, Mi mente está llena de dudas, pero no lo estoy. No lo consiento, he hablado la palabra yno volverá vacío. "Esta es la sustancia de lo que usted espera. Es la evidencia de lo que no visto. Ningún poder puede obstaculizarlo.

Capítulo 20 - LA DIETA MENTAL DE LOS SIETE DÍAS

El tema de la dieta es uno de los temas más importantes de la actualidad en interés del público. Los periódicos y revistas repletas de artículos sobre el tema. Los mostradores de las librerías están llenos de Volúmenes que revelan los misterios de las proteínas, los almidones, las vitaminas, etc.

Justo ahora todo El mundo es consciente de la comida. Los expertos en el tema dicen que físicamente te conviertes en la cosa. que comes, que todo tu cuerpo está realmente compuesto por los alimentos que has comido en el pasado. Lo que comes hoy, dicen, estará en tu torrente sanguíneo después del lapso de tantas horas, y eso es tu flujo sanguíneo el que construye todos los tejidos que componen tu cuerpo, y ahí estás. Por supuesto, ninguna persona sensata se pelea con todo esto. Es perfectamente cierto, por lo que va, y Lo único sorprendente es que el mundo ha tardado tanto en descubrirlo; pero en este ensayo estoy tratar el tema de la dieta a un nivel que es infinitamente más profundo y de mayor alcance en sus efectos. Me refiero, por supuesto, a la dieta mental .El factor más importante de tu vida es la dieta mental en la que vives. Es la comida que le proporcionas a tu mente que determina el carácter completo de tu vida. Son los pensamientos te permites pensar, los temas sobre los que permites que tu mente se detenga, lo que te hace y su entorno lo que son. Como tus días, así será tu fuerza, que, en el modernoEl lenguaje, puede traducirse como tus pensamientos así será tu vida . Todo en tu vida hoy, elestado de su cuerpo, ya sea sano o enfermo, el estado de su fortuna, ya sea próspera o empobrecido, el estado de su hogar, ya sea feliz o al revés, la condición actual de cada La fase de tu vida, de hecho, está completamente condicionada por los pensamientos y sentimientos que tienes. Entretenido en el pasado, por el tono habitual de tu pensamiento pasado. Y la condicion de tu vida Mañana, y la próxima semana, y el próximo año, estarán completamente condicionados por los pensamientos y sentimientos. que eliges para entretener de ahora en adelante. En otras palabras, usted elige su vida, es decir, elige todas las condiciones de su vida, cuando eliges los pensamientos sobre los cuales permites que tu mente se detenga. El pensamiento es el verdadero causativo. Fuerza en la vida, y no hay otro. No puedes tener un tipo de mente y otro tipo de mente. ambiente. Esto significa que no puedes cambiar tu entorno mientras dejas tu mente sin cambios, ni (y esta es la clave suprema de la vida y la razón de este ensayo) puede cambiar Tu mente sin que tu entorno cambie también. Esta es la verdadera clave de la vida: si cambia de opinión, sus condiciones también deben cambiar: su el cuerpo debe cambiar, su trabajo diario u otras actividades deben cambiar; su casa debe cambiar; la el tono de color de toda tu vida debe cambiar, ya sea que seas habitualmente feliz y alegre, o poco animoso y temeroso, depende completamente de la calidad del alimento mental con el que se alimenta tú mismo. Por favor sea muy claro al respecto. Si cambias de opinión, tus condiciones también deben cambiar. Estamos Transformados por la renovación de nuestras mentes. Así que ahora verás que tu dieta mental es realmente laLo más importante en toda tu vida. Esto puede llamarse la Gran Ley Cósmica, y su verdad se ve perfectamente obvia una vez Está claramente establecido de esta manera. De hecho, no conozco a ninguna persona reflexiva que niegue su verdad esencial La dificultad práctica en su aplicación, sin embargo, surge del hecho de que nuestra Los pensamientos están tan cerca de nosotros que es difícil, sin un poco de práctica, retroceder como antes y Míralos objetivamente. Sin embargo, eso es justo lo que debes aprender a hacer. Debes entrenarte para elegir el tema de tu pensar en un momento dado, y también para elegir el tono emocional, o lo que llamamos el estado de ánimo que lo colorea Sí, puedes elegir tu estado de ánimo. De hecho, si no pudieras no tendrías ningún control real. sobre tu vida en absoluto. Los estados de ánimo habitualmente entretenidos producen la disposición característica de la persona interesada, y es su disposición la que finalmente hace o estropea la felicidad de una persona. No puedes estar sano; no puedes ser feliz no puedes ser próspero; si tienes un mal disposición. Si eres malhumorado, malhumorado, cínico, deprimido, superior o asustado, la mitad de tu ingenio, tu vida no puede valer la pena vivirla. A menos que estés decidido a cultivar un buen disposición, también puede perder toda esperanza de obtener algo que valga la pena de la vida, y es Más amable de decirte claramente que este es el caso. Si no está decidido a comenzar ahora y seleccione cuidadosamente todo el día el tipo de pensamientos que vamos a pensar, también puede renunciar a toda esperanza de transformar su vida en el tipo de cosas que quieres que sea, porque esta es la única manera En resumen, si desea que su vida sea feliz y valga la pena, eso es lo que Dios desea que haga. Hazlo, debes comenzar de inmediato a entrenarte en el hábito de la selección del pensamiento y del pensamiento. controlar. Esto será extremadamente difícil durante los primeros días, pero si perseveras encontrarás que se volverá rápidamente más fácil, y en realidad es el experimento más interesante que podría posiblemente hacer De hecho, este control mental es el pasatiempo más emocionante e interesante que cualquiera. podría tomar hasta Te sorprenderás de las cosas interesantes que aprenderás sobre ti mismo, y Obtendrá resultados casi desde el principio. Ahora muchas personas que saben esta verdad, hacen esfuerzos esporádicos de vez en cuando para controlar su pensamientos, pero la corriente de pensamientos está tan cerca, como he señalado, y los impactos desde el exterior Tan constantes y variados, que no progresan mucho. Esa no es la manera de trabajar. Tu La única posibilidad es definitivamente crear un nuevo hábito de pensamiento que te ayude cuando estés. preocupados o con la guardia baja, así como cuando se está atendiendo conscientemente al negocio. Esta el nuevo hábito del pensamiento debe adquirirse definitivamente, y su fundamento puede establecerse dentro de unos pocos Días, y la forma de hacerlo es esta: Decídase a dedicar una semana únicamente a la tarea de crear un nuevo hábito de pensamiento, y durante esa semana, deja que todo lo demás en la vida carezca de importancia en comparación con eso. Si lo haces, entonces esa semana será la semana más significativa de toda tu vida. Será, literalmente, el giro punto para ti Si lo hace, es seguro decir que toda su vida cambiará para mejor. En De hecho, nada puede seguir siendo el mismo. Esto no significa simplemente que podrás enfrentar tus dificultades presentes en un espíritu mejor; Significa que las dificultades irán. Este es el científico. camino para alterar tu vida, y estar de acuerdo con la Gran Ley no puede fallar. Ahora haces ¿Te das cuenta de que trabajando de esta manera no tienes que cambiar las condiciones? Lo que pasa es que Aplicas la ley, y entonces las condiciones cambian espontáneamente. No puedes cambiar las condiciones. directamente: a menudo ha intentado hacerlo y ha fallado, pero continúe con la DIETA MENTAL DE SIETE DÍAS y las condiciones deben cambiar para usted. Esta es su receta: durante siete días no debe permitirse vivir por una sola vez Momento en cualquier tipo de pensamiento negativo. Debes cuidarte toda una semana como un gato. mira un mouse y no debes permitir que tu mente se detenga en ningún pensamiento Eso no es positivo, constructivo, optimista, amable. Esta disciplina será tan extenuante que usted No podría mantenerlo conscientemente durante más de una semana, pero no le pido que lo haga. UNA semana será suficiente, porque en ese momento el hábito del pensamiento positivo comenzará a ser establecido. Algunos cambios extraordinarios para mejor habrán entrado en tu vida, alentándolos. Tú enormemente, y entonces el futuro se cuidará solo. La nueva forma de vida será así. Atractivo y mucho más fácil que la forma antigua en que encontrará su mentalidad alineada. casi automáticamente Pero los siete días van a ser agotadores. No quisiera que entraras en esto sin contando el costo. El simple ayuno físico sería un juego de niños en comparación, incluso si usted tiene un muy buen apetito La forma más agotadora de gimnasia del ejército, combinada con treinta millas marchas de ruta, sería mucho en comparación con esta empresa. Pero es solo por una semana en Tu vida, y definitivamente va a alterar todo para mejor. Por el resto de tu vida aquí, por todos. eternidad, de hecho, las cosas serán completamente diferentes e inconcebiblemente mejores que si no hubieras

llevado a través de esta empresa. No lo empieces a la ligera.
Piénsalo por un día o dos antes de comenzar. Entonces
empieza, y la gracia. Que Dios vaya contigo. Puede
comenzar cualquier día de la semana, y en cualquier
momento del día, a primera hora La mañana, o después del
desayuno, o después del almuerzo, no importa, pero una
vez que comience, debe ir a través de los siete días. Eso es
esencial. La idea general es tener siete días de disciplina
mental ininterrumpida para que la mente se incline
definitivamente en una nueva dirección de una vez por
todas. todos. Si hace un inicio falso, o incluso si va bien
durante dos o tres días y luego por cualquier razón "caerse"
de la dieta, lo que hay que hacer es abandonar el esquema
por completo durante varios días y luego comenzar de
nuevo de nuevo. No debe haber saltos dentro y fuera, por
así decirlo. Recuerdas que Rip Van Winkle en la obra
tomaría un voto solemne de teetotalismo, y luego aceptaría
rápidamente una bebida desde el primer momento. vecino
que le ofreció uno, diciendo con calma: "No voy a contar
esto". Bueno, en el SIETE DÍA DIETA MENTAL este tipo de
cosas simplemente no va a hacer. Debe contar
positivamente cada lapso, y Lo hagas o no, la naturaleza lo
hará. Donde haya un lapso, debes salir de la dieta por
completo y entonces comienza de nuevo. Ahora, en orden,
si es posible, para prevenir dificultades, las consideraré con
un poco de detalle. En primer lugar, ¿qué quiero decir con
pensamiento negativo? Bueno, un pensamiento negativo es
cualquier pensamiento de fracaso, desilusión, o problema;
Cualquier pensamiento de crítica, o rencor, o celos, o
condena. de los demás, o auto-condena; cualquier

pensamiento de enfermedad o accidente; o, en definitiva, cualquier tipo de Limitación o pensamiento pesimista. Cualquier pensamiento que no sea positivo y de carácter constructivo, Si se trata de usted o de alguien más, es un pensamiento negativo. No te molestes demasiado sobre la cuestión de la clasificación, sin embargo; en la práctica nunca tendrás ningún problema en saber si un pensamiento dado es positivo o negativo Incluso si tu cerebro trata de engañarte, Tu corazón susurrará la verdad. En segundo lugar, debe tener bastante claro que lo que este esquema exige es que no entretendrá , odetenerse en las cosas negativas. Tenga en cuenta esto con cuidado. No son los pensamientos que vienen a ti lo que importa,pero solo aquellos de ellos que elijan entretener y detenerse. No importa qué pensamientos. Puede venir a ti siempre y cuando no los entretengas. Es el entretenimiento o la morada sobre ellos. Eso importa. Por supuesto, muchos pensamientos negativos vendrán a ti todo el día. Algunos de ellos simplemente se adentran en tu mente por su propia voluntad, aparentemente, y estos te sacan de la carrera mente. Otras personas le darán otros pensamientos negativos, ya sea en conversación o por su conducta, o escuchará noticias desagradables, tal vez por carta o por teléfono, o verá Crímenes y desastres anunciados en los encabezados de los periódicos. Estas cosas, sin embargo, no importan. Mientras no los entretengas. De hecho, son estas mismas cosas las que proporcionan la disciplina que Te va a transformar durante esta semana que hace época. Lo que hay que hacer es, directamente lo negativo. El pensamiento se presenta a sí mismo. Aléjate del periódico; resulta el pensamiento de la Carta desagradable, o comentario estúpido, o lo que no. Cuando el pensamiento negativo flota en tu mente, Inmediatamente gire y piense en otra cosa. Lo mejor de todo, piensa en Dios como se explica en El Llave dorada. Una analogía perfecta es proporcionada por el caso de un hombre que está sentado junto a un fuego abierto cuando un rojo vivo Cinder vuela y cae en su manga. Si quita esa ceniza de inmediato, sin un momento Demora en pensarlo, no se hace daño. Pero si él lo deja reposar sobre él por un momento, bajo cualquier pretensión, el daño ya está hecho, y será una tarea problemática reparar esa manga. Asi que Es con un pensamiento negativo. Ahora, ¿qué pasa con esos pensamientos y condiciones negativos que es imposible evitar en el punto? donde estas hoy ¿Qué hay de los problemas comunes que tendrá que cumplir en la oficina o en ¿casa? La respuesta es que tales cosas no afectarán su dieta siempre que no las acepte, temiéndolos, creyéndolos, indignados o tristes por ellos, o dándoles poder en absoluto Cualquier condición negativa que el deber lo obligue a manejar no afectará su dieta. Ir a la oficina, o satisfacer las preocupaciones en casa, sin permitir que te afecten (ninguna de estas cosas muéveme) , y todo estará bien.Supongamos que está almorzando con un amigo que habla negativamente· no intente callarlo. o de lo contrario, rechazarlos. Déjelos hablar, pero no acepte lo que dicen, y su dieta no será afectado. Supongamos que al volver a casa son recibidos con mucha conversación negativa. No prediques un sermón, sino que simplemente no lo aceptes. Es tu consentimiento mental, recuerda, que Constituye tu dieta. Supongamos que es testigo de un accidente o un acto de injusticia, digamos, en lugar de reaccionando aceptando la apariencia y respondiendo con lástima o indignación, se niega a aceptar la apariencia en su valor nominal; haz lo que puedas para corregir los asuntos, dale el pensamiento correcto y Déjalo ir a eso. Todavía estarás en la dieta. Por supuesto, será muy útil si puede tomar medidas para evitar reunirse durante esta semana con cualquiera. que parece particularmente probable que despierte al diablo en ti. Personas que te ponen de los nervios o te frotan. Para evitarlo, o para aburrirte, es mejor evitarlo mientras estás en la dieta. pero si no es posible para evitarlos, entonces debes tomar un poco de disciplina extra, eso es todo. Supongamos que tiene una prueba particularmente difícil antes de la próxima semana, bueno, si tiene suficiente la comprensión espiritual sabrás cómo enfrentarte a eso de manera espiritual; pero, para nuestro presente propósito, creo que esperaría y comenzaría la dieta tan pronto como la prueba haya terminado. Como dije antes, haz No tome la dieta a la ligera, pero piénselo bien primero. Para terminar, quiero decirles que las personas a menudo encuentran que el comienzo de esta dieta parece agitar todo tipo de dificultades Parece que todo empieza a ir mal de una vez. Esto podría ser desconcertante, pero es realmente una buena señal. Significa que las cosas se están moviendo; y no es que el muy objeto que tenemos a la vista? Supongamos que todo tu mundo parece oscilar sobre sus cimientos. Espere constantemente, déjelo oscilar, y cuando termine el balanceo, la imagen se habrá vuelto a ensamblar en algo mucho más cercano al deseo de tu corazón. El punto anterior es de vital importancia y bastante sutil. ¿No ves que la misma morada sobre ¿Estas dificultades son en sí mismas un pensamiento negativo que probablemente te haya echado de la dieta? los el remedio no es, por supuesto, negar que su mundo se está balanceando en apariencia, sino negarse a tomar el Apariencia para la realidad. (No juzgues de acuerdo con las apariencias, sino juzga con justicia.) Mantenga su pensamiento positivo, optimista y amable mientras la imagen exterior se está balanceando. Mantenerlo así en A pesar de cualquier aparición, y una victoria gloriosa es cierta. Cada lado de tu vida será radicalmente cambiar para mejor Una advertencia final: no le diga a nadie más que usted está siguiendo la dieta, o que tiene la intención de adelante Mantén este tremendo proyecto estrictamente para ti mismo. Recuerda que tu alma debe ser la Lugar secreto del Altísimo. Cuando hayas pasado con éxito los siete días, y aseguró su demostración, permitió que transcurriera un tiempo razonable para establecer la nueva mentalidad, y luego cuéntale la historia a cualquier otra persona que creas que pueda ayudarlo. Y, finalmente, recuerde que nada de lo dicho o hecho por otra persona puede arrojarlo de la dieta. Solo tu propia reacción a la conducta de la otra persona puede hacer eso.

Capítulo 21 - La vida después de la muerte.

En la mano que hizo la rosa, caeré con temblor: George Meredith RESURGAM ¡No hay muerte! Nuestras estrellas bajan Para subir sobre una orilla más justa; Y brillante en la corona enjoyada del cielo. Ellos brillan para siempre. ¡No hay muerte! El polvo que pisamos Se cambiará debajo de las lluvias de verano. A grano de oro o fruta suave, O flores de arco iris teñidas. Las rocas de granito en polvo caen, Y alimentar al musgo hambriento que llevan. Las hojas más bellas beben la vida cotidiana. Desde el aire sin visión. ¡No hay muerte! Las hojas pueden caer, Las flores pueden desvanecerse y desaparecer; Sólo esperan a través de las horas invernales. La venida del mayo. Y, siempre cerca de nosotros, aunque invisible, Los justos espíritus inmortales pisan; Para todo el universo sin límites. Es la vida; ¡No hay muertos! - Atribuido a Bulwer Lytton No hay absolutamente ninguna razón para temer a la muerte. El mismo Dios está en el otro lado de la tumba como en de este lado, y la Biblia nos dice que Dios es amor, y sabemos que también es ilimitado. Inteligencia y poder infinito. Es cierto que la mayoría de las personas temen más o menos a la muerte, pero este miedo es en parte ese temor normal a lo desconocido que puede afectarnos a todos: el miedo, por así decirlo, de tomar una Salto en la oscuridad, y en parte es el resultado de la falsa enseñanza sobre el tema que la mayoría de las personas Adquirir en su juventud. Con la esperanza de disciplinarlos y atemorizarlos en una buena conducta, A las personas se les ha enseñado a lo largo de los siglos a considerar la muerte con horror. Tal, por supuesto, es una política equivocada, porque el bien nunca sale del mal, y el miedo en particular Nunca es constructivo. Sin embargo, se ha enseñado a la gente a temer en la mayoría de los lugares y en todas las edades. muerte, con la esperanza de que bajo la sombra de ese miedo se comportaran mejor durante vida. Ahora ha llegado el momento, sin embargo, cuando la mayoría de la gente ya no cree en estas amenazas. pero están preparados para escuchar la verdad. La verdad real es que no hay muerte. Cuando una persona parece morir, todo lo que sucede es que deja su cuerpo aquí y pasa al siguiente plano, de otro modo sin cambios. Se quedan dormidos aqui despertarse en el otro lado menos su cuerpo físico (que probablemente fue más o menos dañado) pero enriquecido con el conocimiento de que realmente no han muerto. Esta es la historia de lo que llamamos "muerte", y en la mayoría de los casos es más fácil que nacer. Para comprender claramente cómo se produce este proceso, debe darse cuenta de que realmente no posee un cuerpo mas dos Puede sorprenderle que le digan que aquí mismo en el momento presente no lo ha hecho. solo el cuerpo físico que conoces, lo que ves cuando miras en el vidrio, pero un segundo cuerpo que no es menos sustancial porque no puedes verlo, y que este cuerpo es Hecho de éter. Esta afirmación puede sorprenderte, pero es verdad. El cuerpo etérico tiene la misma forma. como su cuerpo físico, pero es un poco más grande e interpenetra el cuerpo físico a medida que el aire llena una esponja. No lo rodea, sino que lo interpenetra. Puede ayudarte a pensar que es una réplica de El cuerpo físico en éter. Hay algunas personas que pueden ver el cuerpo etérico cuando concentrarse para ese propósito, porque tienen el poder de contactar vibraciones mucho más finas que las Puede ser percibido por los sentidos físicos ordinarios, pero, por supuesto, la gran mayoría carece de este poder. Todo el tiempo que está despierto, sus dos cuerpos permanecen juntos interpenetrándose entre sí, pero cuando te quedas dormido, la mayor parte de tus resortes etéricos salen de lo físico; y en realidad este deslizamiento Fuera de lo etérico es lo que constituye el sueño. Lo mismo sucede cuando te conviertes inconsciente ya sea por tomar un anestésico o por un golpe en la cabeza, o si cae en lo que está Llamado trance, o en alguna forma de coma. Todas estas condiciones difieren un poco de otra, pero todos tienen esto en común, que más o menos de lo etérico se desliza fuera del cuerpo físico tomando conciencia con ello. El cuerpo etérico no es una cosa simple y homogénea, sino que está compuesto de varios éteres diferentes de diferentes densidades. Sin embargo, para nuestro propósito lo trataremos como uno solo. El cuerpo fisico es compuesto de sólidos, líquidos y gases, y de muchos órganos complicados y distintos, pero en estudiando la biografía de un hombre, tratamos su cuerpo como una unidad, y de la misma manera trataremos el cuerpo humano. etérico como uno. Ahora, es este cuerpo etérico el que es el depósito de todos tus pensamientos y sentimientos. Incluye Lo que a menudo se llama la mente consciente y la mente subconsciente. Es la "psique" de la Psicólogo, y es, de hecho, tu personalidad humana . Por eso la personalidad sobrevive a la muerte;porque reside en el etérico que pasa intacto, y no en el físico que se rompe en descomposición cuando se deja solo. He dicho que tu etérico es el asiento de todo sentimiento, y esto es cierto. Te puede sorprender escuchar Que no hay sensación en el cuerpo físico, pero tal es el caso. Cuando crees que tienes un dolor en su cuerpo físico, ese dolor está realmente en la contraparte etérica, y es por eso que la anestesia es posible. Cuando se toma un anestésico general, el etérico se desecha y por lo tanto no Experimenta sensaciones corporales. Las personas sometidas a una operación mayor bajo anestesia tienen a veces permanecía perfectamente consciente, pero fuera del cuerpo, y observaba al cirujano en Trabajar con interés y atención. Cuando se toma un anestésico local como novocaína, la parte local Lo etérico es expulsado y no tienes sentimiento allí; Pero a medida que el efecto de la novocaína se desgasta. apagado, esa parte de las devoluciones etéricas y, como saben los que han estado en manos del dentista, El dolor vuelve gradualmente. En todos estos casos, cuando el etérico abandona el cuerpo físico, permanece unido a él por un etérico. El ligamento se parece mucho a la cometa de un niño que flota al final de la cuerda que sostiene en su mano. Esta conexión etérica se llama en la Biblia el cordón de plata. Es de color gris azulado y es tan Elástico que el cuerpo etérico puede recorrer distancias muy largas y aún permanecer unido al cuerpo. corpus fisico En el sueño, con mucho, la mayor parte del etérico se desliza hacia afuera. En muy materialista y de lo contrario, las personas no desarrolladas, lo etérico queda solo a una yarda o dos del cuerpo, generalmente flotando por encima pero con personas de algún grado de entrenamiento mental, y especialmente con aquellos quienes tienen algún desarrollo espiritual, pasan directamente al siguiente plano, y algunas veces Más allá de eso. La diferencia entre el sueño normal y la anestesia y los diferentes tipos de trance, es una cuestión de cuánto del etérico sale en ese momento en particular, eso es todo. Cuando vemos a personas que asienten dormidos y luego se despiertan y luego asienten de nuevo, significa que el etérico está tambaleándose dentro y fuera. Entonces tu etérico se desliza cada vez que te vas a dormir y regresa cuando despierte de nuevo, es decir, siempre y cuando el cordón plateado permanezca intacto. Ahora, ¿qué es la muerte? Bueno, la muerte es la ruptura del cordón de plata. Mientras eso permanezca intacto estás vivo, seas consciente o no; Pero una vez que está roto, estás muerto. La muerte es la corte del cordón de plata. Tan pronto como se corta estás muerto; definitivamente estás separado de tu El cuerpo físico y tu vida en este plano han terminado. Entonces esto, entonces, es la muerte. Tu cuerpo etérico, que es tu personalidad, ha roto su conexión. con el cuerpo físico, y como ese cuerpo es su único medio de funcionamiento en el plano físico, Has terminado con tu vida terrenal. Ahora llegamos a la pregunta vital: ¿Qué es exactamente lo que le sucede a una persona cuando muere? ¿Cuándo se corta el cordón de plata? ¿Qué piensan ellos? ¿Qué sienten ellos? Bueno, como regla, ellos Inmediatamente caen en un estado de inconsciencia total que puede durar días o incluso semanas. Durante este tiempo, los etéricos (es decir ellos mismos) pasan al siguiente plano, y están en el siguiente mundo. Aquí, a su debido tiempo, se despiertan mucho a medida que nos levantamos del sueño en este Avión, y ha comenzado su nueva vida. Es un hecho interesante que en el instante anterior a la muerte, la vida pasada se desarrolla antes. la mente exactamente como un carrete de imágenes en movimiento parpadeando por. La velocidad real es tan grande que todo Sucede en una fracción de segundo. Sin embargo, la mente ve cada detalle claramente. Es posible acercarse tanto muerte que, sin morir realmente, todavía se puede volver y seguir viviendo después de esto. Ocurrió, pero generalmente solo en casos de muerte cercana por asfixia. Sólo en ahogamiento cercano, la asfixia, o gasificación, como regla, es el proceso lo suficientemente lento como para admitirlo. Esta experiencia es realmente, por supuesto, el desarrollo de la mente subconsciente, los "Libros de Juicio" de las Escrituras, y es una experiencia extremadamente impresionante y, a veces, terrible, como se puede imaginar fácilmente. Eso Es con esta auténtica historia interna de su vida fresca en su memoria, que el viajero comienza su La vida en el otro lado. Aquí, es natural preguntar: ¿Dónde está situado el próximo mundo? ¿Está arriba en el cielo? o debajo de la ¿suelo? La respuesta es que no está en ninguno de estos lugares. El siguiente mundo está realmente a nuestro alrededor. aquí. Los llamados muertos están llevando sus vidas aquí donde estamos ahora, pero en su propia vida. Mundo y a su manera. La razón por la que no los vemos a nuestro alrededor o chocamos con ellos es la Por la misma razón que un programa de radio no interfiere con otro, están en ondas diferentes. longitudes No hay simplemente un plano etérico como muchos piensan, sino muchos, cada uno menos denso. que la anterior, pasando al infinito; y todos se interpenetran unos a otros. Las actividades de cualquier plano no interfiere de ninguna manera con los de los demás por la razón que acabo de dar. Hay relativamente una gran diferencia entre la densidad de cualquiera de estos planos y esa del siguiente a él, de modo que normalmente no se pasa de uno a otro. Al despertar en el siguiente plano, la persona "muerta" observa ciertos aspectos familiares en el mundo sobre ellos, pero remarca algunas curiosas diferencias también. Si han estado muy enfermos, o si son una enfermedad Persona de edad avanzada, están gratamente sorprendidos por una sensación de bienestar y juventud. Esto es porque, habiendo dejado el cuerpo desgastado en el plano terrestre, ya no restringe el pleno funcionamiento de sus mente. Pueden ver su cuerpo etérico y ahora les parece tan sustancial como el antiguo El cuerpo físico parecía. Una vez más, una de las principales diferencias entre este plano y el siguiente es que hay cuatro Dimensiones allí, mientras que aquí, por supuesto, solo conocemos tres. Todos los objetos hay cuatro dimensional, y les lleva algún tiempo acostumbrarse a eso. Por supuesto, un objeto de cuatro dimensiones. no se puede describir aquí con palabras, pero verá fácilmente que significa una enorme extensión de Experiencia y por lo tanto de interés. Considera cuán tremendamente el mundo de un bidimensional. Ser, digamos un gusano, se expandiría si se convirtieran en tridimensionales, y puede darse cuenta algo del mayor interés del próximo avión cuando uno de nosotros va allí. Desafortunadamente, algunos escritores tienen la costumbre de hablar del cielo como la cuarta dimensión. Esto es bastante mal, porque el cielo es un mundo de dimensión infinita, Lo que dicen los escritores metafísicos sobre el cielo usualmente es correcto, excepto que no es la cuarta dimensión. Además, hay nuevos colores y nuevos sonidos en el próximo avión que superan en belleza a los colores y colores. Los sonidos que tenemos aquí, y es un hecho que nuevas experiencias de todo tipo esperan al viajero. a su llegada. Quizás el cambio más sorprendente que el viajero tiene que enfrentar es el hecho de que allá pensaba: La lectura es el medio normal de comunicación. En el siguiente mundo los pensamientos se leen directamente, y por lo tanto no hay engaño. Todo el mundo se ve como lo que es, y no hay espacio para Hipocresía o pretensión. Todo el trabajo y la tensión nerviosa de "mantener las apariencias" que lleva avena la vida de tantas personas necias aquí es desconocida allí. Pasas por lo que eres y eso. Es el fin del asunto. Uno se acostumbra pronto a esto, y entonces nadie lo desearía. ser de otra manera No hay personas mayores en el otro lado, por la siguiente razón. Lo que vemos aquí como un anciano. El caballero es, de hecho, un hombre de mente madura cuyo cuerpo ha comenzado a decaer para que todas sus facultades se atenúan Ve mal, está casi sordo, se mueve con dificultad, encuentra su memoria. discapacitado, y en muchos casos es difícil hacerle entender las cosas que deseamos decirle. Estas condiciones se deben simplemente a la descomposición del cuerpo físico que impide que su etérico funcionando eficientemente, y ahora que el cuerpo físico es desechado, naturalmente recupera el pleno uso de sus poderes. Y así, en el próximo mundo, él será un hombre en el mejor momento de la vida. En el otro Por otro lado, los niños que pasan por alto, aún no han alcanzado la madurez mental, continúan creciendo en el Del otro lado hasta que ellos también alcancen el apogeo de la vida. Hay muchas localidades diferentes en el siguiente plano, que difieren mucho unas de otras al igual que en este mundo encontramos países tan diferentes como Suecia e Italia, por ejemplo, e incluso en el mismo En la ciudad encontramos condiciones tan diferentes como las escuálidas calles de los barrios bajos y las hermosas secciones. Ocupado por personas ricas y cultas. De hecho, hay una variedad mucho mayor de vida condiciones por encima de eso que cualquier cosa que encontremos en esta tierra, para que uno pueda comparar la marcha a la experiencia de un hombre que pasa la mayor parte de su vida en una pequeña isla aquí, y luego de repente Deja esa isla para explorar el mundo entero. ¿Qué es lo que determina el tipo de lugar al que irá después de la muerte y el tipo de personas? entre quienes te encontraras? Por supuesto, no es una cuestión de azar o suerte más de Es la naturaleza de su entorno aquí. Irás al tipo de lugar y estarás entre el tipo de lugar. Personas para las cuales te has preparado con tu pensamiento habitual y tu modo de vida. mientras que en esta tierra. Nadie te "manda" a ninguna parte. Usted naturalmente gravita hacia el lugar donde pertenecer a. Has construido un cierto carácter, es decir, una cierta mentalidad, por tus años de pensamiento, Hablando, y actuando en este plano. Ese es el tipo de persona que eres en este momento, y encuentras usted mismo en las condiciones correspondientes a su personalidad. Recuerda que la muerte no hace ningún cambio positivo en ti; eres la misma persona que tu antes de que sucediera. Tienes tu memoria completa y recuerdas los eventos generales de tu vive igual de bien, y con frecuencia algo mejor, que hiciste al final de tu vida aquí. Estudiantes de la metafísica entendemos que todas nuestras condiciones en este mundo son el resultado de nuestros pensamientos y convicciones y precisamente lo mismo es verdad para el próximo mundo. En este plano, las personas con la Los mismos intereses tienden a atraer al otro. La ley que "aves de una bandada de plumas se unen" sostiene a lo largo del universo. Sin embargo, hay una diferencia extremadamente importante: en el otro lado, sus pensamientos son demostrado inmediatamente. En este mundo, como sabemos, puede llevar días, semanas e incluso años, antes de que los estados mentales salgan a la manifestación, pero allí se manifiestan a la vez. Sea lo que sea que piense o sienta con fuerza, experimenta instantáneamente como una condición externa, y esto es bastante confuso al principio. Para aquellos en el otro lado, el éter parece tan sólido como la materia física nos lo hace, y en el desde el principio esperan que tenga la inercia que no posee. Están sorprendidos y desconcertados cuando encuentran constantemente que se somete inmediatamente a la moldura de su pensamiento. Se sienten más bien como una persona cuyo automóvil se sale de control y huye con ellos. Ellos Piensa, y sucede algo que corresponde. Esto los sorprende o los asusta, y este miedo. provoca una intensificación del fenómeno, o tal vez un cataclismo aparente; y "confusión peor confundido "se multiplica hasta que el recién llegado se une y aprende a controlar su pensamiento Naturalmente, uno podría suponer que en estas condiciones solo necesitan ser muy Cuidado con lo que piensan, y todo estará bien; y esto es perfectamente cierto, pero en la práctica es Es difícil cambiar instantáneamente los hábitos de pensamiento de esta manera. Si nos hemos acostumbrado. cuando se acerca al pensamiento negativo, a pensamientos de miedo, crítica, mala voluntad o enfermedad, toma Algún tiempo para superar tales hábitos cuando nos cruzamos. La mayoría de nosotros sabemos muy bien (particularmente aquellos de nosotros que hemos probado La dieta mental de los siete días) que cambiamos nuestra corriente deel pensamiento no es un asunto fácil; Pero, por supuesto, hay que hacerlo. En este punto, que se entienda claramente que el siguiente plano no es el "Cielo", o la conciencia Presencia de Dios. Aquellas personas que trabajan a través de grandes dificultades en este mundo y repasan con una conciencia iluminada, se encuentran mucho mejor que a veces piensan que debe se el cielo pero no lo es. Es un mundo etérico limitado, menos limitado que este plano, pero limitado. sin embargo, y tan propensos a discordar y decaer. De hecho, los objetos de allí se descomponen mucho más. Más rápido que los objetos en este plano. En lugar de objetos rotos o desgastados por un largo tiempo el tiempo que hacen con nosotros, las formas en que las personas ya no están interesadas se funden de nuevo en el éter inmediatamente, y esto hace que los recién llegados piensen que allí no hay decadencia; pero hay, solo eso Se termina mucho más rápido. En nuestro mundo, por ejemplo, una silla, digamos, o un traje, es Fabricado, con lo que inmediatamente comienza a desgastarse. Este proceso, sin embargo, es un proceso muy lento. uno, tanto que incluso después de que se haya desgastado o dañado para su uso posterior, los fragmentos de Todavía permanece por años y años antes de caer en polvo, si no se desecha de otra manera. Sobre el En el siguiente plano, una forma etérica descartada se desvanece muy rápidamente. Usted no "se encuentra con

Dios" en el próximo avión más de lo que lo hace en este plano. Dios está en todos lados. Por supuesto, Él está completamente presente en el siguiente plano, así como Él está en este plano; pero allí como aquí, él es ser contactado solo en la propia conciencia por alguna forma de oración o tratamiento espiritual. El cielo es ese estado perfecto de conciencia en el cual uno está en plena realización de lo Divino. Presencia. En esa conciencia no hay limitación, ni maldad, ni decadencia de ningún tipo. Cuando uno alcanza esa condición que ha terminado con planos etéricos con la misma certeza con que ha terminado con el Plano de la materia fisica. Si puedes alcanzar ese nivel de conciencia mientras aún estás en este mundo (y algunos han logrado hacerlo), no "mueres" o cruzas en absoluto a los planos etéricos; Irás directamente al cielo desde esta tierra. Moisés hizo esto, y Enoc, y Elías, y algunos otros. Esto es lo que se llama traducción o desmaterialización. Se logra mediante la superación de la Sentido de separación de Dios que es realmente la "caída del hombre". Significa vencer el egoísmo, La sensualidad, la crítica, el miedo, y otras cosas así. Significa vivir cada vez más cerca de Dios. día. De Enoc, * la Biblia dice, "caminó con Dios", antes de ser traducido, y de hecho allíNo hay otro camino a la libertad. * Génesis 5:24. Hay algunas localidades muy desagradables en el próximo mundo (no sirve de nada ignorar este hecho solo para razones sentimentales), pero la persona promedio no va a ninguno de ellos. Gente que lleva muy mal. vive en esta tierra, cuyas mentes están principalmente entregadas al odio, al engaño o a la sensualidad, encontrarán ellos mismos en tales lugares. Esto no significa que el hombre o la mujer promedio que puede caer en maldad bajo la presión de la tentación severa, pero las personas cuyas vidas enteras son deliberadamente incorrecto. Estos son los lugares mencionados como "infierno" por los predicadores ortodoxos. No son lugares de Castigo vengativo, y ciertamente no duran para siempre, sino solo hasta que el delincuente lo haya visto. El error de sus caminos ya se ha reformado. Permítanme repetir que nadie "envía" a nadie a estos lugares; son simplemente el entorno natural de un alma que se ha puesto en esa condición por medio de Escoger repetidamente lo más bajo en preferencia a lo más alto. Tampoco nadie determina cuándo el castigo cesará El escape de tales condiciones tiene lugar automáticamente tan pronto como el El alma está suficientemente cambiada. Alguien puede estar inclinado a preguntar si es apropiado hablar de "localidades" en el próximo plano ya que tales lugares no son más que la descripción de los propios pensamientos del sujeto. La respuesta es que esto es todo lo que las localidades están en este plano. Lo que llamamos un país, una ciudad, una casa o una habitación, en este mundo no es más que un pensamiento fuera de la imagen, nada más, y de hecho el único fundamental Las diferencias son la ausencia de inercia, lo que hace que las cosas sucedan casi instantáneamente y la existencia de la dimensión extra. Sucede que una vez que la gente se despierta en el próximo mundo y comienza a acostumbrarse a las condiciones, ¡Por lo general, tienen un gran sentido del bienestar físico y una vida muy interesante e instructiva! Las condiciones de vida son totalmente diferentes a las nuestras. Ahí tu dinero ya no es de la el más mínimo uso para ti, "no puedes llevarlo contigo", y solo la riqueza mental y espiritual que Usted ha acumulado puede ir a lo largo. No hay dinero tal como lo entendemos porque, al ser pensamiento Inmediatamente demostrado, no hay necesidad de comprar posesiones objetivas. Lo que eres capaz Para pensar claramente, tienes. Muchas cosas buenas todavía estarán fuera del alcance de muchas personas allí, porque no pueden concebirlos claramente; y no es esta la verdad exacta sobre nuestro propio mundo ¿además? En este mundo, cualquier cosa que puedas concebir claramente está en tu poder si realmente Deséalo, y cualquier cosa que realmente entiendas se volverá tuya en un sentido aún más profundo, porque nunca lo harás. puede perderlo La principal diferencia entre los dos mundos es, una vez más, que los resultados vienen tanto más lentamente en este mundo, debido a la inercia de la materia física, que por allí no lo hacen tener que cumplir No hay parto en el próximo plano, y por lo tanto no hay matrimonio ni vida familiar como entendemos eso; y cuando consideres la extraordinaria importancia de la familia en este plano, verás Que sin ella todo el esquema de vivir debe ser diferente. ¿Te reunirás con tus familiares y amigos cuando vayas? La gente naturalmente se pregunta si volverá a ver a aquellos a quienes amaron que han desaparecido de la vista; Y a decir verdad, muchos son. bastante preocupados por tener que renovar su contacto con personas a quienes no les ha gustado, miembros de la familia a los que preferirían no volver a ver. El hecho es que donde hay un fuerte vínculo emocional, ya sea de amor o de odio, es probable que haya una reunión. Dónde hay un fuerte vínculo de amor genuino que seguramente habrá una reunión. Donde no hay particular sintiendo entre dos personas no habrá una reunión. Por supuesto, el amor se cuidará solo, pero existe el peligro real de que si te permites odiar a alguien, te encontrarás cuando Ustedes dos han pasado por alto. Para evitar que esto suceda, destruye el enlace dejando de odiar. Perdonar La otra persona y libéralos en tu pensamiento. No tienes que gustarles, pero debes les deseamos lo mejor. * * Ver Capítulo 2, La Oración del Señor. No imagines que tu familia jamás se volverá a reunir por el otro lado. Relaciones familiares Son solo para este plano y no tienen existencia allí. Tu padre no será tu padre en el otro. lado, pero un amigo que jugó el papel de padre por aquí. Tu hija ya no será tu hija allí, pero una amiga que le promulgó la parte de hija durante varios años en el tierra. Algunas personas imaginan que toda la familia de la Tierra debe ser reensamblada como una familia sobre ahí; pero considere lo que esto significaría: usted tenía dos padres, y probablemente algunos hermanos y hermanas cada uno de tus padres tenía dos padres y probablemente algunos hermanos y hermanas; Etcétera; y así verán lo que implicaría la reunión obligatoria de familias en unas pocas generaciones. El hecho real es, como he dicho, que las relaciones de padres e hijos, hermanos y Hermanas, tíos y sobrinos, esposos y esposas, no son más que arreglos temporales para esta vida solamente. Si dos hermanos, o un padre e hijo, tienen un fuerte vínculo de simpatía en esta vida, se reunirán de nuevo y tal vez estar estrechamente asociado en el siguiente plano; pero esto será por el vínculo de simpatía y no porque pasaron a ser miembros de la misma familia aquí. Cuando un matrimonio Es satisfactorio para ambas partes aquí, la asociación puede continuar por mutuo consentimiento en el otro lado; de lo contrario la muerte disuelve un matrimonio, y los dos nunca necesitan reunirse de nuevo, y mucho menos reanudar Cualquier tipo de vínculo mutuo. Más allá del siguiente plano hay otros planos, y después de un cierto tiempo, la mayoría de ellos las personas se desarrollan mental y espiritualmente para que se gradúen de ese plano y pasen al siguiente nivel superior uno. Ese plano tiene cinco dimensiones, y el éter que lo compone es mucho menos denso que el del éter. una junto a nosotros, y a su vez presenta muchas nuevas oportunidades para el alma en desarrollo. Después de la muerte" el instinto de uno es llevar el mismo tipo de vida al que se ha acostumbrado aquí, y esto Es por eso que alguna formación intelectual o artística, y particularmente un desarrollo espiritual, hace que mucha diferencia No hay límite allí para las oportunidades de estudio y logro intelectual. La mayoría de Los problemas antiguos de la filosofía y la religión pueden resolverse en la próxima Plano con algunos estudios y problemas. Por supuesto, esto solo significa que los nuevos surgen para Consideración, porque, a medida que alargamos nuestra visión, también lo hace el horizonte, pero crece. Sin embargo, Se puede lograr un progreso maravilloso en la comprensión de la vida, y se hace en este sentido. El artista y El músico al fin empieza a hacer las cosas a su manera. La falta de aptitud comercial que Por lo general, marca al artista genuino y por lo que son castigados tan a menudo en este mundo, no es detrimento de allí. Y las condiciones etéricas presentan poca o ninguna dificultad, como la física. La materia hace al desarrollo de los dones literarios, artísticos y musicales. Vale la pena mencionar que incluso un poco de estudio a lo largo de líneas intelectuales en este mundo, e incluso un muy poco interés genuino en el arte o la música es suficiente para comenzar el recién llegado por allí bajo auspicios muy favorables. En Por otro lado, a los que no saben nada de estas cosas les resulta mucho más difícil hacer el comienzo allí de lo que lo harían aquí. Estudios científicos como la química, la física, la electricidad, y demás, pueden desarrollarse tremendamente allí ya que la naturaleza de la vibración es Mucho mejor entendido en el otro lado que con nosotros. El hombre que menos se beneficia con el cambio al nuevo mundo es la persona con mentalidad material que no ha desarrollado recursos mentales ni espirituales en este plano. Sólo estar interesado en cosas materiales, en comida y bebida, y en dinero, en éxito social, honores mundanos y material posesiones en general, naturalmente se encuentran bastante varados en un mundo donde ninguno de estas cosas tienen algún significado Sin embargo, si han llevado una vida promedio honesta, limpia, y en todo se comportó decentemente de acuerdo con sus luces, no serán nada peor que extremadamente Aburrido hasta que sus facultades superiores comienzan a desarrollarse en el transcurso del tiempo. Ahora considere al hombre o mujer que vive completamente para el cuerpo y está dominado por él: el Sensualista, el dipsómano, el drogadicto. Los antojos físicos, formando parte de la mentalidad, son, de Por supuesto, trasladado al siguiente plano, pero no hay un cuerpo físico a través del cual estos los apetitos pueden satisfacerse, y así la víctima es atormentada por el deseo pero incapaz de satisfacerla, hasta que, en el curso del tiempo estos deseos se desvanecen por inanición. Este es el castigo natural por permitir El cuerpo físico para asumir el control, y seguramente sea suficiente castigo. En efecto, encontramos lo que es. llamada justicia poética que recorre todo el universo. Las recompensas del pensamiento y la acción positivos son las consecuencias naturales que siguen a estos Las cosas, y los castigos que siguen a una mala acción o negligencia son consecuencias naturales también. Como engendra como. Cuida tu cuerpo y serás recompensado con la alegría de la salud, no con dinero. Cuida tu negocio y serás recompensado con prosperidad, no necesariamente con salud. Trabaja duro con tu música, y la recompensa es ser un músico consumado; descuidalo, y ningún dinero comprará la competencia que usted no ha podido ganar. Maltratar tu cuerpo, y lo natural. el castigo es enfermedad e incomodidad, no una caída en el valor de sus acciones y bonos. Y A lo largo de toda la gama de la vida, cosechamos mientras sembramos, ya sea en el plano terrestre o en cualquiera de los planos etéricos que se encuentran más allá. Se puede decir aquí que no es necesario dirigir una La vida ascética en este mundo para ser feliz en el próximo. Todos los placeres inofensivos ordinarios de La vida se puede disfrutar con una moderación razonable sin que ello suponga ningún sufrimiento o dificultad. después. A veces sucede cuando una persona "muere", que en lugar de entrar en coma inmediatamente después de que se rompa el cable de plata, puede haber un intervalo de horas o más en el que se conservan por completo. posesión de sus facultades; y algunas veces ni siquiera se dan cuenta de que están "muertos", aunque como regla, ven a su cuerpo físico tendido boca abajo y saben lo que ha sucedido. En tales casos Hará un gran esfuerzo para comunicarse con sus amigos más cercanos. Supongamos, por ejemplo, que un El hombre murió en la calle, y conservó sus facultades de esta manera. Inmediatamente intentaría llegar a casa. a su esposa para contarle lo sucedido. Supongamos que su hogar estaba a diez millas de distancia en el afueras. Teniendo ahora solo un cuerpo etérico, realmente necesitaría pensar mucho en su hogar, y se encontraría allí en unos segundos o menos, porque su cuerpo etérico podría pasar a través de casas, colinas, o cualquier otra obstrucción física que pueda estar en el camino. Como una cuestión de De hecho, sin embargo, el hábito puede llevarlo a seguir los movimientos de caminar hasta el ferrocarril más cercano. estación y subirse a un tren, o podría subirse a un tranvía. Al entrar a su casa, le gritaba instintivamente a su esposa, pero no teniendo órganos físicos, no se produciría un sonido, el esfuerzo sería puramente mental y ella no oiría nada. Él entonces probablemente se acercaría a ella e intentaría agarrar su brazo. Pero su sustancia etérica. Simplemente lo atravesaría sin causar ninguna impresión. Podría suceder, sin embargo, en tal En caso de que el fuerte esfuerzo mental alcanzara la conciencia de la esposa o de quien fuera tratando de alcanzar, y luego ella decía: "Mi esposo se me apareció por una momento en el momento en que fue asesinado. "Su pensamiento estaría tan cargado de emoción que sería lo suficientemente fuerte, al llegar a ella, para hacer que ella proyecte una forma de pensamiento momentáneo de él. Eso sin embargo, podría no ser lo suficientemente fuerte para esto, y entonces ella simplemente diría: "Yo sabía que algo le había pasado a mi esposo mucho antes de que recibiera la noticia. "Esta es la explicación de La mayoría de esas historias que se encuentran constantemente. De la misma manera, las personas a veces han asistido a sus propios funerales antes de pasar. Es Cabe destacar que, dado que la muerte no produce un cambio general en nosotros, aquellos que poseen un sentido de El humor lo retiene, y los que no lo hacen, continúan en la carencia; y en una ocasión como esta, aquellos quienes poseen ese don útil a veces se divierten mucho en los procedimientos, y aquellos que no tienen reacciona también como podría esperarse. Donde hay un fuerte sentimiento de duelo; o donde los sobrevivientes quedan en trágico circunstancias, la persona muerta por supuesto sufrirá agudamente. De hecho, los llamados muertos. son muy sensibles a nuestros pensamientos durante un tiempo considerable después de que hayan pasado a los otros Lado, y por esta razón, el duelo excesivo debe ser desaprobado. Los entristece y previene su Enfocando su atención como deberían en la nueva vida que están comenzando. Por supuesto que Parece muy difícil decirle a la gente que no se aflija cuando alguien a quien han amado mucho sale de visión; pero el hecho es que el dolor excesivo es malo para ambas partes. Recuerda que si hay un enlace de amor que seguramente volverá a encontrar, y que nada de lo que es bueno, ni hermoso, ni verdadero, puede alguna vez estar perdido En este plano, a menudo vemos que nuestros amigos o nuestros seres queridos se van a vivir en un país lejano, sabiendo que no volveremos a verlos durante varios años, y la muerte es realmente nada mas que esto Aquí me gustaría impresionar a aquellos que son responsables del apoyo de otros, esposos o padres de familia, por ejemplo, el deber de hacer lo razonable provisión que puedan para aquellos que pueden quedarse atrás sin recursos en caso de su inesperada fallecimiento. Les ahorrará mucho remordimiento y auto reproche por el otro lado si pueden sienten que al menos hicieron lo que tenían a su alcance para aliviar la carga de quienes dependían sobre ellos. En este punto, puede ser bueno explicar que cuando una persona está pasando, el cuerpo a menudo sufre Se pueden emitir contracciones violentas y contorsiones, y la mayoría de los gemidos angustiantes. Esto, sin embargo, no debe causar inquietud porque tales acciones son puramente reflejas: el paciente no es consciente de ello ellos y se está deslizando suavemente y confortablemente lejos. En una proporción muy pequeña de casos, sucede que después de la muerte las personas se convierten en lo que se llama "la tierra". enlazado ", lo que significa que permanecen en este plano durante un período de tiempo indefinido, al no poder para seguir Esto se debe simplemente al hecho de que sus emociones están tan fijas en algo en este mundo, que no pueden caer en el coma en el que se cruza. Es exactamente paralelo al caso de una Persona que no puede quedarse dormida en la noche porque su mente está tan llena de un interés dominante. UNA La persona puede estar tan vinculada emocionalmente con algo aquí que no puede llamar su atención Incluso cuando pierden su cuerpo. Un interés tan absorbente puede ser una propiedad, o puede ser una persona, o puede ser una actividad dominante, o puede ser un crimen que cometieron aquí. En el último caso, sus pensamientos los anclan al vecindario de la escena del crimen. Como los tiempos continúan, este efecto se desvanece y pasan, tarde o temprano, pero en casos extremos puede durar bastante tiempo La moraleja de esto, por supuesto, es que no debes permitir nada en El mundo para monopolizar su atención a la exclusión de todos los demás intereses. Lo único que merece la devoción ilimitada es la búsqueda de Dios; pero esto puede poseer nuestro Vive y sin embargo nunca nos desequilibra. Esto tampoco significa que debemos ir por la vida. sin tener mucho interés en nada en particular, porque una vida así simplemente no sería vale la pena vivir. Por el contrario, deberíamos interesarnos mucho en todos los eventos de la vida a medida que se producen. para nosotros, y cuantas más cosas nos interesen, mejor será, siempre que el interés esté dentro de Los límites de la razón. En particular, debemos interesarnos con entusiasmo en nuestro trabajo diario, lo que sea que pueda ser; pero de nuevo, siempre dentro de los límites de la razón. Nada debe tener tal estrangular el control sobre el corazón que la pérdida de esa cosa en particular haría que el resto de nuestras vidas no tener sentido. Esta es la verdadera comprensión de la virtud oriental del desapego, es decir, uninterés agudo, inteligente en las cosas que están con nosotros mientras están con nosotros, con total disposición para pasar a cosas nuevas cuando llega la señal. Viviendo de esta manera nunca habrá Cualquier posibilidad de estar en tierra. Podemos orar por aquellos que han fallecido, y de hecho es un deber sagrado hacerlo. Oraciones para el los llamados muertos se han utilizado en la mayor parte del mundo en la mayoría de las edades. La práctica era generalmente discontinuado después de la Reforma porque había sido abusado y comercializado en gran medida, pero, Sin embargo, es una excelente práctica en sí misma. Debes orar por tu amigo que ha fallecido exactamente como rezarías por ellos si estuvieran viviendo en algún lugar distante de este mundo, por ejemplo China o Sudáfrica. Realice paz mental, libertad y comprensión para ellos, y que Dios es vida, e inteligencia y amor. La Presencia es excelente para este propósito. Léelo a ellosen silencio, diciendo: "Tú" donde el texto dice "yo". Ahora me ocupo del problema de la eliminación de cadáveres y de los arreglos funerarios en general. Aquí, permítanme decir sin rodeos que la mayoría de nuestras costumbres de entierro aceptadas son realmente supervivencias paganas y son queriendo tanto en inteligencia como en decencia. Los toleramos solo porque somos más o menos acostumbrados a ellos, y, de hecho, cuando se trata de que las personas reflexivas asisten a un convencional El funeral por primera vez, son invariablemente conmocionados y rechazados. Toda la cosa realmente implica que la persona fallecida está allí en la tumba, aunque en la actualidad casi nadie cree ese. ¿Por qué los cristianos, que profesan creer en la inmortalidad del alma, deben tratar el Restos físicos como si fueran algo sagrado, pasa la comprensión. Tal actitud es ni lógico ni inteligente. Debes darte cuenta de este hecho muy claramente: no hay nada de sagrado en un cuerpo muerto. Es una colección de materia física para la cual el ex propietario no tiene otro uso, y debe ser eliminada De la manera más limpia y rápida posible, y eso es todo. Su difunto propietario desgastó un número de cuerpos físicos durante su vida (como usted probablemente sabe, obtenemos muchos cuerpos nuevos reemplazo gradual a medida que avanzamos por la vida), y esto es solo el último de ellos que está siendo enterrado Ceremoniosamente, eso es todo. Recuerda que la belleza de un cuerpo hermoso proviene del alma que brilla a través de él, y no se encuentra en el propio cuerpo. Esa alma con su belleza y alegría ahora se ha ido. encendido, y el cuerpo dejado no es más que una prenda vieja que ha sido descartada. Esta prenda debe ser eliminados (por el bien de la vida) con respeto, pero no con reverencia; y el método adecuado De hacer esto es por cremación. Uno debe ser bastante claro al respecto. La disposición del cuerpo es simplemente un deber para con los vivos y de ninguna manera un honor para el difunto que no toma más. interés en ello. El fuego es limpio, purificador y respetuoso. El cuerpo debe ser cremado después de un lapso de alrededor de tres días, excepto en los casos en que se ha producido una rápida descomposición, cuando la cremación puede tomar colocar de inmediato. Una vez incinerado el cuerpo, es mejor no conservar las cenizas. Solo una morbosa satisfacción. Puede venir de guardar estas reliquias espantosas. Deben ser esparcidos sobre un pasto creciente, o arrojados al mar, o a un rio o lago; por supuesto, con una oración. Por la misma razón los monumentos de cualquier tipo en los cementerios están fuera de lugar y, si es posible, deben evitarse, incluso cuando las consideraciones familiares han hecho inevitable el entierro. Un pequeño reflejo te mostrará que erigir un monumento sobre un cuerpo desechado es tan irrazonable como lo sería para usted enterrarlo Un viejo traje de ropa y luego poner un monumento sobre eso. Ciertamente, debe evitar visitar la tumba de su ser querido. Usted sabe que él o ella no está en el cementerio; así que mantente alejado de ello. Ora por ellos en el santuario de tu propia casa. Ninguna otra El lugar es más sagrado o más apropiado para la oración que tu hogar. En su cumpleaños, o cualquier otro aniversario significativo, tenga un ramo de flores en memoria de ellos, pero que se haga esto En casa y no en el cementerio. Si tienes un retrato de ellos, puedes poner las flores. Delante de eso Por supuesto, esto solo debe hacerse de vez en cuando y no mantenerse como una rutina diaria. práctica. Debes evitar llevarte el luto. No te envuelvas en negro por el bien de tu ser amado el que no está muerto sino que está muy vivo; y en este punto puedo mencionar que no está bien, en un De manera general, para mantener las cosas personales que pertenecen al difunto, si está haciendo esto en una Espíritu sentimental o morboso. Aquí necesitarás discriminación. No hay objeción a mantener una Pocos recuerdos si estás seguro de que no lo estás haciendo con ánimo de luto, pensando que están muertos. Por otro lado, la idea de mantener su habitación o sus libros, etc. "tal como los dejaron", como hacen algunas personas, está completamente equivocado y es pagano. El difunto lo haría No lo deseo, y probablemente se reiría de buena gana contigo si pudieran hacer que lo supieras. Todos Las condiciones que pertenecen al pasado deben, en la medida de lo posible, romperse para dar paso a la vida. presente. Aquí deseo explicar que mientras que las instrucciones anteriores son lo que realmente se debe hacer, sin embargo, en En ciertos casos no será posible, por motivos familiares, llevarlos a cabo. Si otros miembros de tu las familias son anticuadas en sus puntos de vista, en particular los miembros de mayor edad —los padres, por ejemplo— entonces a menudo es bueno ceder y hacer lo que ellos esperan, en lugar de herir sus sentimientos más profundos. Puede ser que mientras mejor sepas, ellos no lo saben; y así si la cremación los conmocionara, tienen la Cuerpo enterrado y asistir al funeral en nombre de la caridad cristiana. Por supuesto, el deseo expresado. De los fallecidos siempre se debe realizar. Debemos hacer todo lo posible para evitar Dando dolor en estos asuntos a los padres y familiares mayores. Por otro lado, no se comprometa en Para evitar los sentimientos de los jóvenes, porque deberían aprender mejor; y nunca consideres Las opiniones de vecinos o parientes lejanos en tales asuntos. Un hombre de Nueva York me dijo que no estaba vestido de negro porque sabía que recientemente había estado la hermana fallecida no estaba muerta, sino que al visitar la casa de sus padres, lo que hacía cada pocas semanas, llevaba luto para evitar escandalizarlos. Le dije que tenía toda la razón, y que tal era El curso siempre lo aconsejé en estos asuntos. Es mejor que se diga una palabra sobre el suicidio. La mayoría de los que se quitan la vida son tan preocupados o aterrorizados en el momento en que no son moralmente responsables por el acto, y por lo tanto no es

Realmente suicidio, sino más bien muerte por desgracia. Estas personas van por el otro lado como cualquier otra persona. En un caso genuino de suicidio, sin embargo, es muy diferente. Auto-consciencia e intencional. La destrucción es un delito severamente castigado por la naturaleza. Es un rechazo a enfrentar los problemas de la vida, y Obviamente no puede ser posible hacerlo con éxito. Los que buscan esta salida no se encuentran. Sus amigos en el otro lado. Son solitarios e infelices y tienden a encontrarse en un estado mental confuso que es realmente subjetivo, una especie de sueño vago que a veces hace Ellos piensan que están vagando en una densa niebla. Por supuesto, pueden ser ayudados grandemente por La oración como pueden todos los demás. En última instancia, tienen que enfrentar de nuevo precisamente el tipo de problema Han huido, con el tiempo perdido y el sufrimiento experimentado por nada. Ahora llego al problema de si es posible o no comunicarse con aquellos que tienen Pasado al siguiente mundo. Sobre este tema se han publicado una enorme cantidad de libros, y se ha desatado una controversia más áspera y amarga en todo el mundo durante mucho tiempo. hora. De hecho, muchas personas parecen incapaces de tocar este tema y al mismo tiempo retienen Su sentido común o sus buenos modales. Los epítetos más violentos se lanzan unos contra otros por controvertidos en ambos lados, y he sabido que se han roto varias amistades de larga data sobre esta pregunta de si es posible o no que nos comuniquemos con el llamado muerto. Los extremistas de un lado dicen dogmáticamente que es absolutamente imposible hacerlo. Entusiastas Por otro lado, afirman que están en una comunicación clara e íntima con sus difuntos. amigos tan a menudo como una o dos veces a la semana o más a menudo. ¿Cuál es la verdad? Pues la verdad es que la comunicación ocurre ocasionalmente, pero es mucho más rara que la mayoría de los creyentes Supongamos, y que siempre se cumple con considerable dificultad e incertidumbre. No esta en Lo menos como llamar por teléfono desde Nueva York a Chicago. Es más como los primeros días de Los experimentos de Marconi en la tecnología inalámbrica cuando llegó un mensaje ocasional y muy roto; pero mucho más a menudo simples perturbaciones atmosféricas y movimientos sin sentido de los instrumentos Fueron todos los que pudieron ser registrados. No te metas en cosas psíquicas. Si desea investigar a fondo y científicamente, bien y Bien, pero este será el trabajo de años y requerirá condiciones científicas. La objeción principal Correr detrás de los medios que tanta gente practica es que realmente es un escape de Las responsabilidades de esta vida. Los medios profesionales dicen que rara vez reciben un cliente que es Feliz, cuya vida está llena de prosperidad y autoexpresión. Al contrario, son aquellos cuyas vidas. Aquí están frustrados e infelices, independientemente de un dolor particular, que siempre están tratando de Comunicarse con el siguiente plano. Así se convierte en lo que se llama en psicología, un escape. Mecanismo, y puede ser casi tan desastroso como tomar para beber o narcóticos. Tu negocio es vivir aquí en este mundo mientras estás aquí; Para hacer frente a sus problemas aquí y tratar de resolver ellos; y vivir en el próximo mundo cuando llegues. Hay un modo de comunicación verdaderamente espiritual del que solo puede venir el bien. Es esto: Siéntese tranquilamente y recuérdese que el único Dios realmente es Omnipresente. Entonces refleja eso tu Ser Real, la Chispa Divina de ti, está en la Presencia de Dios ahora, y ese Ser Real— La Chispa Divina de su ser querido también está en la Presencia de Dios. Haz esto por unos minutos Todos los días, y tarde o temprano, tendrá una sensación de comunicación. Sin embargo, no se detalla el mensaje llegará, como regla general, solo un sentido definido e inequívoco de que saben que usted tiene Piensa en ellos y que están pensando en ti. Las personas a menudo preguntan qué deben hacer para prepararse para el próximo mundo. La mejor manera de Prepararse para el futuro es vivir correctamente hoy. Lleva una vida limpia y honesta, encarnándote en tu conducta. Lo mas alto que sepas en ese momento. Sé tan útil como puedas para los demás. Haz todo lo que puedas para ayudar otras personas de cualquier manera que esté abierta a usted. Todos tienen alguna oportunidad de servicio, físico, mental, o espiritual, y estas oportunidades deben ser utilizadas. Si pareces no tener oportunidades para Ayudar a otros, ir a trabajar y fabricar algunos. Aprende la verdad del ser. Aprende todo lo que puedas sobre la naturaleza de Dios, la única cosa realmente vale la pena conocer y aprender qué es el hombre y qué significa realmente la vida. Este mundo es una escuela, eso y nada más, y siempre que aprendas tu lección, nada más. importa Realmente no importa si usted es rico o pobre, culto o simple, un rey o un rey. basurero. Estos son solo los roles que los hombres desempeñan en el escenario de la vida. ¿Cómo se actúa el papel es lo que importa. Las dos lecciones supremas establecidas para esta escuela son la lección de la omnipresencia de Dios, y la lección del poder del pensamiento. Cada cosa negativa o difícil que entra en tu la vida marca tu incapacidad para realizar la Presencia de Dios en ese punto, y por lo tanto es solo la señal para otro paso a realizar. Da ese paso en la comprensión espiritual, y nunca más A lo largo de la eternidad habrá que hacer esa tarea particular. El poder del pensamiento es la segunda gran lección que tenemos que dominar, y aquí nuevamente, como Jesús Nos dijo, el árbol es conocido por sus frutos. Ahora que entiendes estas cosas en algún grado, debería ser posible para ti La vida y encontrar la muerte con esa "mente pareja" a la que se refiere un vidente moderno. Usted debería ser Habitualmente alegre y feliz, ni excesivamente exaltado por parecer buena fortuna, ni indebidamente deprimido por la adversidad temporal, porque evalúa ambas cosas en su valor correcto. Nunca debe estar tan completamente unido a un conjunto particular de condiciones, a una casa o un distrito, o un trabajo, o una vocación, o cualquier acuerdo terrenal, que no pueda separarse de él sin arrepentimiento indebido Usted no debe ser dependiente de su alabanza humana o felicidad por su amor propio o respeto por sí mismo. Aprobación, aunque tales cosas pueden ser apreciadas en su lugar. Tu actitud debe ser: Cumplo con mi deber y me divierto donde estoy; Hago mi trabajo y lo transmito a otro. voy a vivir Siempre; dentro de mil años seguiré vivo y activo en algún lugar; en cien Mil años todavía vivos y todavía activos en otro lugar; Y así, los acontecimientos de hoy tienen sólo la Importancia que pertenece a la actualidad. Siempre lo mejor está por llegar. Siempre el futuro será mejor que El presente o el pasado porque siempre estoy creciendo y progresando, y soy un alma inmortal. yo soy El amo de mi destino. Saludo a lo desconocido con un grito de alegría, y avanzo con alegría, exaltando en el Gran aventura. Armado con esta filosofía, y entendiendo realmente su poder, no tienes nada que temer en la vida o la muerte, porque Dios es Todo, y Dios es Bueno. NOTA Quisiera inculcar a los lectores de este ensayo que ninguna descripción escrita puede realmente hacer justicia al tema. Eso No puedo más que insinuar y sugerir la verdad. Por muy correcto que sea el itinerario de un viaje, es probable que parezcaAlgo seco y poco atractivo cuando se lee, ya que la belleza y la alegría de la nueva aventura deben evadir lo escrito. palabra. Este ensayo, por supuesto, describe las experiencias del Alma entre encarnaciones.

Capítulo 22 - REENCARNACIÓN EL ESCRITOR IMPRESIONADO

La verdad está dentro de nosotros mismos; no toma lugar desde cosas exteriores, lo que sea que puedas creer. Hay un centro interno en todos nosotros, Donde la verdad permanece en plenitud; y alrededor, Pared sobre pared, la carne gruesa la encierra, Esta perfecta percepción clara, que es la verdad. Una malla carnal desconcertante y pervertida. Lo enlaza, y comete todo error; y para saber Más bien consiste en abrir un camino. De donde puede escapar el esplendor aprisionado, Que al efectuar entrada para una luz. Se supone que es sin. -BROWNING ¿Alguna vez te has preguntado por qué debería haber tal diferencia entre un lote humano y ¿otro? ¿Alguna vez te has preguntado por qué algunas personas parecen ser tan felices y afortunadas en su vidas, mientras que otros parecen sufrir tanto sufrimiento inmerecido? Estoy seguro que sí, porque solo una persona muy egoísta o muy desconsiderada no puede ser desafiada tarde o temprano por este problema. ¿Por qué una persona está tan bien situada en la vida, aparentemente haciendo todo por ellos? nacer en una buena familia, cuidadosamente educada, dadas todas las ventajas que el dinero y la cultura pueden conferir, ¿Enviado a buenas escuelas, y lanzado a la vida con todas las ventajas? ¿Por qué otro niño o niña nace en circunstancias muy difíciles, donde es casi imposible ¿Algún avance en la vida? ¿Por qué un niño nace lisiado, ciego o nace con alguna enfermedad horrible? mientras otro El niño llega a este mundo con un pequeño cuerpo fuerte, limpio y saludable, que seguramente crecerá bien y ¿robusto? ¿Por qué un niño alcanza la madurez o la condición de mujer, y vive hasta una edad avanzada, mientras que otro El niño nace, y después de unas pocas semanas, o unos pocos meses, o incluso unos pocos años, muere, sin ¿Al parecer habiendo vivido para algún propósito? En un cementerio de un antiguo país, hay una lápida que data del siglo XVII. Eso marca la tumba de un niño que murió después de tres semanas, y el epitafio dice: Desde tan pronto hecho, ¿Por qué empecé? Y, de hecho, la pregunta es extremadamente buscadora. Tales preguntas requieren urgentemente una respuesta si queremos creer en la existencia de Dios, y en una Universo gobernado por la ley y el orden. Al alma honesta y valiente, el problema de la desigualdad. De las vidas humanas es uno que clama por solución. Los hombres y las mujeres no nacen libres e iguales. Son creados libres e iguales, pero no nacen. asi que. La Declaración de Independencia no dice que los hombres nacen libres e iguales. Dice que Se crean así, que es una cosa muy diferente. Hombres y mujeres no nacen libres e iguales.pero comience esta vida como caballos en una carrera de handicap, no hay dos que tengan la misma carga. Ahora, ¿por qué debería esto puede ser, si en verdad Dios es amor, y si Dios es justo, y si Dios es todopoderoso? Bueno, la respuesta es que esta vida que estás viviendo hoy no es la única vida; y que no puede ser Comprendido cuando se juzga por sí mismo. La respuesta es que has vivido antes, no una vez, sino muchas, muchas veces, y que en el curso de estas muchas vidas has pensado, dicho y hecho todo tipo de cosas. de cosas, buenas y malas, y que las circunstancias en las que naciste no son más que las naturales resultado de la forma en que has vivido y te has comportado en tus vidas anteriores. Usted está cosechando hoy, para bien o para mal, los resultados de las semillas que has sembrado durante estos muchos vidas anteriores La Biblia dice: "Todo lo que el hombre sembrare, eso también segará"; y ese texto declara la verdad, y no se puede hacer que signifique otra cosa. Ustedes que leen estas palabras han vivido muchas, muchas veces antes, en diferentes edades, en diferentes Condiciones, bajo cielos diferentes, y en diferentes civilizaciones. Muchas veces has sido un hombre, Y muchas veces has sido mujer. Probablemente has sido muy rico y muy pobre; y Probablemente, algunas veces has estado en un lugar destacado en el mundo, y otras veces tu lugar ha sido humilde. Algunos de los que están hoy en la parte inferior de nuestra escalera social han caminado por la tierra como reyes, y presidentes, y generales, y almirantes, y sumos sacerdotes; y algunos que ahora se sientan en el Los asientos de los poderosos, rodeados de pompa y circunstancia, han trabajado como simples campesinos en días. pasado, tirado del remo de una galera, o desgastado las cadenas del esclavo. Y tú, tú mismo, en el futuro. Es muy probable que los siglos regresen a este planeta tierra y nazcan de nuevo como un bebé en alguna familia y crecer, y probablemente casarse, y vivir otra vida. Y las condiciones bajo lo que empiezas es que la vida será el resultado de las vidas que ya has vivido; Pero más En particular, serán el resultado de la vida que usted está viviendo en el momento presente. Ese, En pocas palabras, es la historia de la vida del hombre. Lo que habitualmente se llama una vida no es más que un Día comparativamente breve en una larga, larga vida. Esta es la gloriosa verdad, y es la cosa más maravillosa y hermosa que podrías haber visto. descubrir. Es la puerta de la liberación. Es su Carta de la Libertad, su pasaporte a la plenitud de Vida. Significa nada menos que su destino está en sus propias manos, y que usted puede determinar ese destino, para que realmente puedas hacer de tu vida futura, a partir de hoy, el tipo de cosas que deseo que sea Llegaste a este mundo como un pequeño bebé, inconsciente; Y luego vino la conciencia con la primera. respiración; y entonces tu nueva vida había comenzado. Probablemente, lo primero que te sucedió cuando vino al mundo fue que te azotaron, y en la mayoría de los casos, hasta que conoces la Ley y practícalo, el mundo te seguirá azotando hasta el final, hasta que la naturaleza se canse de ti y te da la vuelta Llegaste al mundo con un grito: con el primer suspiro que respiraste, diste un llorar, y muchas personas pasan toda su vida llorando y protestando, hasta la tumba. Sin embargo, cuando comprende que esta vida presente es solo un día en su larga vida , y que alel cambio llamado muerte simplemente desaparece en el siguiente plano, para volver más tarde, luego Los eventos de esta vida en particular aparecen en su verdadera proporción, y luego comienzas a tener dominio . Los eventos de esta vida no parecerán menos importantes debido a su nuevo conocimiento,pero ya no te intimidarán, porque sabrás que puedes controlarlos. No aparentemente la desgracia ya no tendrá poder para romper tu corazón o debilitar tu coraje. Tú Entenderé la vida como la maravillosa oportunidad y el glorioso regalo que es. La gente suele decir que están hartas de esta vida de todos modos, que no les gusta el mundo y que No quiero volver; pero esta actitud suele surgir de un malentendido. No es realmente esta vida terrenal que no les gusta, pero las condiciones limitadas o insatisfactorias en las que están Encontrándose en el presente. No se dan cuenta de que, en cualquier caso, no volverán a Nada como sus condiciones actuales. Usted, personalmente, probablemente volverá; pero no es probable que vuelvas por cinco Cien años o así, por lo que, obviamente, no volverás al mundo que conoces. hoy. Volverás a un mundo muy diferente, con diferentes condiciones, diferentes formas de vida, Diferentes instituciones, diferentes alimentos, ropa, costumbres sociales y, sobre todo, a un mundo. Llena de problemas nuevos y diferentes. La mayoría, si no todos, de los problemas actuales de la humanidad habrán sido Trabajado de una manera u otra por ese tiempo. La mayoría, si no todas, las instituciones existentes tendrán desaparecido Todas las cosas que no te gustan o que desapruebas en el mundo de hoy se habrán ido, pero, de la misma manera, la mayoría o todas las cosas que le gustan y aprueban en particular se habrán ido también, y así cuando llegues, será un comienzo completamente nuevo. Es cierto que tendras Para resolver los mismos tipos de problemas, los tipos fundamentales que surgen del carácter esencial de la naturaleza humana; pero las condiciones serán completamente diferentes; y las experiencias de esta vida, y todo Las cosas que aprendiste esta vez estarán contigo, y te serán muy útiles. No solo volverá, sino que probablemente se reunirá con algunos de sus asociados presentes nuevamente, particularmente si hay un vínculo emocional de amor u odio entre ustedes. El amor cuidara de sí mismo; Pero debes sacar todo el odio de tu corazón, si no quieres renovar lo desagradable. contactos * * Ver Capítulo 2, La Oración del Señor. De la misma manera, algunos de sus asociados actuales seguramente serán personas con las que tuvo contacto. Tratos en una vida anterior o vidas. Tu hijo hoy puede haber sido tu padre, o simplemente un conocido de antaño, y un amigo cercano de hoy puede que en otros momentos haya sido un pariente o un esposo o esposa. La tendencia general es que las personas que viven y se mueven en los mismos grupos para reencarnar casi al mismo tiempo, aunque, por supuesto, siempre habrá excepciones. Dije que probablemente volverá personalmente, y aquí surge la pregunta, naturalmente, es ¿Es absolutamente necesario volver? ¿Debemos regresar positivamente, queramos o no? o Sin embargo, fuertemente podemos preferir no hacerlo? Y la respuesta es, no, no es absolutamente necesario Regrese, pero la única manera de evitar hacerlo es una forma que casi nadie tomará. Tú no necesitas regresa si concentras todo tu corazón en Dios, busca su presencia hasta que te des cuenta vívidamente, y vive para hacer Su Santa Voluntad, y solo eso; Primero, último, y todo el tiempo. Si realmente puedes haz esto, y es una de las tareas más difíciles, entonces dejarás que este planeta Tierra entre en pleno Comunión con Dios, y nunca hace falta volver. Serás, como dice la Biblia, un pilar en La casa de Dios, y no necesita salir más. Sin embargo, casi nadie está realmente preparado para hacer esto. en la actualidad, y por eso tenemos que avanzar por etapas, acercándonos gradualmente a Dios a medida que pasan las edades, aprendiendo lentamente de la experiencia o rápidamente a través del estudio, la oración y la meditación; viviendo la vida despues la vida hasta que por fin "crecemos" espiritualmente, cuando el día se rompe y las sombras huyen. La razón por la que la Biblia en ninguna parte enseña la Reencarnación y, de hecho, evita el tema. es porque la Biblia nos enseña a concentrarnos en la tarea de lograr nuestra reunión con Dios En lugar de posponer esto indefinidamente como lo hacen muchas personas del este. La doctrina de la reencarnación. cuando no se comprende completamente, a veces tiende a hacer que las personas sean apáticas y fatalistas. los La Biblia alienta al hombre a buscar activamente liberarse de todas las limitaciones. Al mismo tiempo, debe recordarse que esta vida terrenal puede ser una de las más interesantes y alegres. proceso en sí mismo, ya que este es un mundo maravilloso (del cual incluso ahora el hombre solo conoce alrededor de cinco por ciento) y su estadía aquí puede ser una serie de maravillosas y alegres aventuras, si tan solo lo desea. Aprende las leyes de la vida y aplícalas. Usted no está obligado a estar enfermo, triste o solitario, o frustrado, o fracasado Esta vida y las vidas que la siguen pueden hacerse interesantes, y Alegría, y libre. Cuando hablo de buscar a Dios de todo corazón y de ponerlo a Él primero, no quiero decir que usted Tienes que pasar todo tu tiempo en la iglesia, o incluso en la oración y la meditación. Eso sería imprudente. Se haría como lo hicieron los anacoretas y ermitaños de la antigüedad. Entraron en el Desierto, o se subió a un pilar alto para estar solo, para alejarse de la tentación y la dificultad ... Pero ese no es el camino. En la mayoría de los casos, simplemente pasaron el tiempo pensando en sí mismos todo todo el día, y esto naturalmente trajo serios problemas para ellos. El progreso se hace superando. Las dificultades prácticas de nuestra vida cotidiana, no huyendo de ellas. Jesús sabiendo esto, dijo que no oraría para que sus seguidores fueran sacados del mundo, sino que Deben permanecer en el mundo y desarrollarse naturalmente allí. Y, de hecho, eso es justo lo que el el mundo es para La vida práctica es la escuela para el desarrollo espiritual y la superación del egoísmo. y el miedo. Tu deber es llenar tu lugar en la vida, sea lo que sea por el momento, hasta el momento lo mejor de tu habilidad, y tratar sinceramente de estar a la altura de lo que sabes en este momento. Por supuesto, un tiempo definido debe reservarse diariamente para la oración y la meditación, pero el resto del tiempo debe utilizarse para incorporar su comprensión espiritual en su vida práctica; por eso solo ¿Puedes tú mismo progresar y ayudar al mundo también? * Entonces, lejos de ser un solitario o un Anacoreta,Usted puede hacer amigos, recorrer el mundo, visitar el teatro, leer los periódicos, viajar al extranjero, unirse clubes y asociaciones, y hacer todas las cosas habituales que las personas hacen, pero usted debe hacerlas en el Luz de tu entendimiento espiritual. Su comprensión debe moldear sus actividades y su ambiente; No debes permitir que tu entorno te moldee. Debes vivir, en la medida de lo posible, como conscientemente la expresión de Dios, y como su testigo y representante. * Los quince puntos - Capítulo 31¿Por qué es necesaria la reencarnación? ¿Por qué la vida debe desarrollarse de esa manera particular? los La razón es la siguiente: estamos aquí en el planeta Tierra para aprender ciertas lecciones. Estamos aquí para desarrollarnos. espiritualmente Estamos aquí para adquirir un completo entendimiento y control sobre nuestra mentalidad; y esto no se puede hacer en una vida Por qué no? ¿Por qué volvemos, y regresamos, y regresamos muchas veces a esta tierra para excursiones cortas? de unos setenta u ochenta años en lugar de, digamos, terminarlo en una vida muy larga de ¿Tal vez mil o incluso varios mil años? La explicación radica en la pereza mental del hombre. e inercia; en su renuencia a cambiar radicalmente, a salir de la rutina una vez que él entra en él, para adoptar nuevas ideas y adaptarse a las condiciones cambiantes. La explicación está en El conservadurismo del hombre y la tendencia a la autosatisfacción y, sobre todo, en su ignorancia de la propia. Potencialidades ilimitadas, y estas son solo las cosas que él está aquí para superar. Considere nuevamente la vida del hombre como la conocemos en casi todos los casos. Llegamos como un bebé recién nacido Sin memoria consciente del pasado. Incluso nuestra conciencia del presente es al principio muy limitado. Luego, gradualmente, la conciencia se expande y comenzamos a conocer nuestro entorno, a Reconocer a nuestra madre o nuestra enfermera. Les sonreímos y entendemos sus sonrisas y caricias. Nosotros comenzar a aprender hechos elementales concernientes a la vida en este plano. Aprendemos a juzgar distancias sintiendo. Fuera con nuestras manos, descubriendo que podemos tocar el lado de la cuna, pero no el techo. Nosotros Experimenta tanto el hambre como la satisfacción, tanto el dolor como la facilidad corporal. Gradualmente aprendemos a hablar, y con el equipo de unas pocas palabras, nuestros medios de La comunicación y el control sobre nuestra pequeña vida es inmensamente mejorado. Aprendemos la misma Negocio difícil de caminar. (Lo has olvidado ahora, pero era un trabajo terrible en ese momento, Que aprender a equilibrar y caminar. Te volteaste, te golpeaste la cabeza y te cortaste las rodillas. por un tiempo, pero al momento te cansaste de eso y aprendiste a caminar con seguridad. Actualmente el bebé aprende Leer y escribir. Estos son, nuevamente, logros muy difíciles en ese momento. (Garabateas de una carta ahora, o hojea un periódico a gran velocidad, pero hubo un

momento en que las palabras como "gato" y "perro"
presentaban una dificultad real para leer o escribir.) El niño
sigue aprendiendo. Siendo jóvenes, están interesados en
todo y quieren saber sobre. todo. Ellos acosan a sus
mayores con preguntas sobre todos los temas concebibles.
(Los padres nunca son Cansado de contarles la sed de
conocimiento de sus hijos. "¿Qué crees que Johnny le
preguntó a su Anoche, padre: "dirá mi madre.) Entonces el
niño tiene esta insaciable curiosidad, el deseo incesante.
para ver todo e ir a todas partes y manejar y experimentar
con todo. Lo llamamos play, o meterse en travesuras, pero
realmente significa probar e investigar la vida. Así que
crecemos y nos expandimos yendo a la escuela y tal vez a la
universidad, y luego al mundo. aquí El mismo proceso
continúa. Buscamos nuevas experiencias, queremos hacer
cosas de nuevas maneras, miramos a viejos. Cosas con una
mente fresca, y quieren mejorar todo. Por supuesto que
somos rechazados y rechazados Un buen trato, pero al
principio no permitimos que esto nos intimide. Somos
jóvenes, en los años veinte digamos, y ser joven es esto
mismo. Ser joven es tener este interés y alegría de vivir por
su En aras de tener este apetito por nuevas ideas y nuevas
formas, esta libertad de hábitos mentales fijos. y
compromisos emocionales. Eso es juventud, y esa es la
conciencia donde las estrellas de la mañana. canten juntos y
los hijos de Dios griten de alegría. Pero en el momento algo
sucede. La gloria que es la juventud dura un tiempo, y
luego. . . y entonces . . . Bueno, entonces algo más comienza
a suceder. Ese ávido interés en todas las cosas, esa
disposición para el lo nuevo y lo no probado, comienza,

insensiblemente al principio, a desvanecerse un poco, y los desalientos y Las decepciones de un tipo u otro comienzan gradualmente a contar. Las fuertes sugerencias de la carrera que nos rodean gradualmente se salen con la suya. Comenzamos a adquirir derechos adquiridos. Intereses (mentalmente) en el status quo. Comenzamos a establecernos. Colocamos anclas emocionales en el mar de vida, y estas cosas conducen, psicológicamente, a una disminución de energía. La idea de dejar lo suficientemente bien, solo comienza a ser atractivo para nosotros, y se ha establecido la enfermedad maligna llamada edad media. Como niño o niña de doce años pensamos que podíamos hacer lo que queríamos hacer, razonable o irrazonable, desde ser un domador de leones en el circo o el conductor de un camión de bomberos, hasta el presidente de la país. A los veinte años pensamos que podíamos hacer cualquier cosa dentro de la razón, y probablemente podríamos. Nosotros Puede ser que estemos un poco nerviosos al respecto, pero en nuestro corazón de corazones realmente pensamos que podríamos hacer cualquier cosa que cualquier otra persona pueda hacer, y eso es la juventud. Cuando leemos o escuchamos de alguna logro brillante, no importa cuán magníficos, nos susurramos a nosotros mismos "Bueno, podría hacer eso también ", y eso es juventud. Pero" las sombras de la prisión comienzan a cerrarse sobre el niño en crecimiento " y ahora ha llegado el momento cuando él piensa en cambio, "Qué maravilloso es eso; por supuesto que podría nunca hagas nada de eso; No estoy en esa clase; No tengo la habilidad, ni el entrenamiento, ni el dinero, o los contactos correctos, "o bien," ahora es demasiado tarde ". Eso es la mediana edad, y se conforta a sí mismo Con todo tipo de promesas, engaños y racionalizaciones absurdas, como las ruedas de la vida van despacio. Abajo hacia el final. Ahora verás que la naturaleza no puede tener ningún objeto en mantener viva a esta persona de mediana edad para cientos o miles de años, porque ya no son de mucha utilidad para ella. La naturaleza quiere hacer Cosas nuevas en formas nuevas, siempre algo nuevo y algo mejor; y lo cristalizado La mentalidad no está preparada para esto. Así que su único remedio, cuando se establece la cristalización, es eliminar el individuo desde el plano terrestre en conjunto; Envíalos a los planos etéricos para descansar, reflexionar, asimilación y reajuste general; y luego traerlos de nuevo una vez más como un bebé, para Experimenta una nueva juventud y un nuevo período de verdadera producción espiritual. Hay otras razones por las que la reencarnación del ego muchas veces es necesaria, aunque Realmente surgen del hecho que acabamos de considerar. La naturaleza quiere que tengas todo tipo. de experiencia para desarrollar cada lado de tu personaje. Necesitas haber sido un hombre y tienes que haber sido mujer, haber sido madre y también hija. Necesitas aprender lecciones de disciplina y autocontrol, y necesitas aprender a usar la autoridad de la manera correcta. Necesitas aprende la lección de seguir con otras personas, y también debes aprender a estar solo. Debes aprende a valorar la salud y la vida racional incluso si tienes que aprenderla a través de la disciplina de enfermedad. Debes aprender a soportar el fracaso y la decepción con fortaleza y debes aprender a Soporta el éxito sin permitir que tu cabeza gire. Tienes que desarrollar tal fe comprensiva en lo invisible que puedes encontrar las cosas que son visto deslizarse lejos de ti sin pánico. Tienes que aprender la lección de paciencia, y la lección de empresa y aventura también; Y, sobre todo, hay que moverse en el tiempo y en el espacio. para que aprendas que nada de lo que Dios hizo es realmente extraño o extraño o separado, y esto No se podía hacer en una encarnación. Por eso es necesaria la reencarnación. Verás ahora qué proceso tan simple y natural es. La idea parece extraña y sorprendente al principio solo porque nosotros en Occidente hemos sido totalmente inconsciente de ello. Pero en el Este es un hecho tan familiar como la salida y puesta del sol, y es Es probable que la mayoría de la humanidad haya creído siempre en la reencarnación. Las personas que aceptan esta verdad a veces prefieren llamarla por otro nombre: reproducción, Contrafesancia, o metempsicosis, o algún otro título, pero el principio es el mismo; la Reaparición en la tierra del mismo individuo, una y otra vez. ¿Por qué no recuerdas tus vidas anteriores? Bueno, no recuerdas los primeros días de esto. vida. Por varias razones, la naturaleza ha dibujado un velo de olvido sobre nuestros comienzos en este plano, y por excelentes razones, ella esconde la memoria de vidas anteriores hasta que estemos lo suficientemente Desarrollado para estar listo para recordarlos. No sería bueno para la mayoría de las personas poder Recuerdan sus vidas anteriores, porque en el momento presente simplemente no podían soportarlo. Considerar cuán propensas son las personas a preocuparse y lamentarse tontamente por los eventos pasados de esta vida. Piensa como Fume y se preocupa por un incidente de hace veinte años cuando ellos mismos dijeron o hicieron algo bastante tonto, o cuando alguien más los maltrató, o lo que no. Piensa como ellos sentimentalizar y lamentarse por "los queridos días muertos de hace mucho tiempo"; e imagina el estado que harían meterse si tuvieran el material de muchas vidas para manejar de esta manera. Obviamente ellos Se destruirían a sí mismos muy rápidamente. La mujer que no puede olvidar o al menos perdonar un error que cometió su esposo hace veinte años. pasaría un mal momento con los recuerdos de todos los errores cometidos incluso por una docena de esposos o esposas en el pasado El hombre que no puede pasar por alto lo amargo que dijo su esposa hace diez años, o perdonar alguna queja que él sostiene contra uno de sus padres, difícilmente podría sobrevivir al recuerdo acumulado de muchos esposos, muchas esposas y muchos padres. Y así, el pasado se nos retiene afortunadamente hasta que llegamos a la etapa en la que podemos considerar nuestra propias historias de manera impersonal y objetiva, y cuando llegamos a esa etapa es posible Recuerda nuestras vidas anteriores. Esta misma facultad de poder ver nuestras propias vidas de manera aislada. Por lo tanto, considerar de manera impersonal nuestras propias acciones y las cosas que otros nos han hecho es una de las más importantes. Difícil de todas las cosas para adquirir. De hecho, la mayoría de las personas que no han estudiado filosofía no lo harían. incluso sueñe que tal cosa podría ser, y sin embargo, algún día tendrá que alcanzar esto, y algunos dia lo tendras Llegará un momento en el que podrá mirar hacia atrás y considerar cada incidente en todas sus vidas con gran interés, pero con la misma calma y despreocupación como si hubieran sucedido La persona de al lado. Ese es el preludio de la liberación. Mientras tanto, algunas personas obtienen una vislumbrar ocasionalmente sus encarnaciones pasadas de una manera u otra, y, si se manejan con sabiduría, tales Los destellos pueden ser extremadamente útiles. Y hay quienes vislumbran más que eso. De hecho, toda la historia de todas sus vidas pasadas se almacena en los niveles más profundos de su subconsciente, y por lo tanto es que su mentalidad de hoy, y en consecuencia su destino, es el Resultado lógico de todas las vidas que has vivido hasta el presente. Nuestras obras todavía viajan con nosotros desde lejos, Y lo que hemos sido, nos hace lo que somos. Ahora debemos considerar la cuestión de cómo el bebé nace en la familia particular en la cual nace; cómo, por ejemplo, naciste en la familia particular en la que nació. Consideremos cómo llegaste a ser un Jones, o un Dumont, o un Habsburgo, o lo que sea usted está. ¿Por qué, de todas las razas y naciones y familias en el mundo, naciste justo en eso? ¿Familia particular donde naciste? Permítanme comenzar diciendo que la cigüeña nunca hace una Error. Cada uno de nosotros nace en las condiciones que se ajustan exactamente a su alma en el momento de encarnación. Uno naturalmente gravita en el lugar exacto que les pertenece. Por supuesto, no elegimos a nuestros padres. Nos dirigimos a los padres cuya naturaleza y condiciones. Corresponden con el estado del alma cuando encarna. Y a menudo esa familia no es más que lo que Nosotros elegiríamos en ese momento. Debe entenderse que la encarnación tiene lugar en el momento de la concepción. Cuando el macho principio pincha el óvulo, establece un vórtice poderoso en los éteres más finos, y un alma es, por lo que Habla, succiona en este plano y se une a la célula fertilizada. Justo antes de esto estaba el alma. esperando en el siguiente plano (etérico) listo para encarnar. Fue en ese momento plenamente consciente y tenía un claro recuerdo de su vida reciente en los planos etéricos, y de los principales acontecimientos de su última tierra. vida. Ahora se dibuja en este plano y se une al óvulo fertilizado, que es el núcleo de su nuevo cuerpo Por un momento tiene una vista previa de cuáles serán las condiciones generales de su nueva vida, y luego cae en un estado de coma del que solo comienza a emerger cuando nace, y de La cual no emerge completamente hasta la edad de la pubertad. La mente subconsciente está activa todo el tiempo y desde el momento de la encarnación está ocupada construyendo el nuevo cuerpo, ya que es el subconsciente del bebé el que construye su cuerpo en el útero, y lo construye a su propia imagen y semejanza, es por eso que nuestros cuerpos expresan las cosas que están en el alma. La madre suministra el material, pero el alma del niño construye su pequeño cuerpo, y aprendemos En metafísica, nuestro medio ambiente es siempre la imagen de nuestra alma. Nadie te "envió" a esa familia o lo seleccionó para ti. Siendo el alma que eras, era como Natural y, de hecho, tan inevitable que debas ir allí, ya que es natural para una cierta gota de agua. en la División Continental para encontrar su camino en última instancia en el Pacífico o en el Atlántico, de acuerdo con a las circunstancias. Siempre recuerde que en el momento antes del nacimiento, uno está tratando, no con un nuevo alma, pero con un alma madura, el producto de muchas vidas. Esa alma tiene cierta dominante características, tanto buenas como malas, y bajo la ley cósmica que gusta atrae a Like, encuentra su propio lugar. Ahora, su propio lugar no solo es el lugar que se ajusta en ese momento, sino que es el mismo lugar. que le proporciona la oportunidad que necesita para desarrollar aún más sus buenas cualidades y para Superar sus debilidades, si así lo desea. El alma gravitó hacia esa familia en particular porque al comienzo de su vida presente tenía Ciertas cosas fundamentales en común con él. Es cierto que a veces un niño parece estar muy mucho fuera de lugar en su familia, pero esto es solo una apariencia. Debajo hay un fundamental. El parecido familiar o el niño no estaría allí. También es cierto que a medida que los niños crecen generalmente crecen separados unos de otros y de sus padres, pero, sin embargo, en el momento de Encarnación, hubo ciertas similitudes fundamentales. De nuevo, es cierto que los niños son a menudo atraídos a sus familias por lo que se llama un enlace kármico, como describiré más adelante. Pero este enlace es simplemente otro aspecto del hecho de que lo similar atrae a lo similar. Como con la mayoría de las leyes de la naturaleza, la ley La reencarnación es simple en su contorno pero extremadamente complicada en detalle. Sin embargo, por Para propósitos prácticos, una comprensión general es bastante suficiente. Tu alma es extremadamente complicada. La totalidad de su entorno y todas sus experiencias no son más que la descripción de algunos de sus Aspectos, ya que la mayoría de ellos aún no se ha manifestado. Un aspecto de tu alma se ve claramente en su cuerpo físico, y ciertas similitudes subyacentes con sus padres y hermanos y hermanas expónganse en lo que llamamos semejanzas familiares: rasgos familiares y modales familiares. Por supuesto, recogemos muchas de estas cosas copiando a nuestros mayores cuando aún somos jóvenes, pero algunos son obviamente innata Ahora estamos listos para comprender la sorprendente afirmación de que no existe la herencia . La declaración sorprenderá a muchos, pero es verdad. Nadie "hereda" nada de sus padres o sus ancestros. Ya tenían ciertas tendencias mentales antes de encarnar esta vez y estas tendencias los guían a una familia donde existían tendencias similares, eso es todo. El gouty El sujeto, o el alma predispuesta por su propia naturaleza a producir pulmones débiles, gravita hacia la familia. teniendo estas condiciones Uno no "hereda" la gota o la tuberculosis de su padre o abuela; se unen a una familia de ese tipo porque ya tienen potencialmente estas condiciones. El igual atrae como todo el universo, o, como decimos más pintoresco, las aves de un rebaño de plumas juntos. John, con una calidad mental que produce pulmones débiles, o gota, o un cierto tipo de cara, es tomado por la cigüeña a una familia en la que tales cualidades mentales son comunes y, por lo tanto, sobresale estas cosas; pero esa es solo su oportunidad de superar la tendencia a la gota o la tuberculosis, o Superar o desarrollar la característica particular que produce ese tipo de rostro. Si el hace esto de una vez por todas, nunca más tendrá que enfrentar ese problema; pero tiene libre albedrío y si es tonto, probablemente no hará nada al respecto y pospondrá esa superación para un futuro. A menudo Sucede, por supuesto, que un niño en particular llega a una familia conocida por algunos llamados hereditarios. enfermedad, y sin embargo, está bastante libre de ella, aunque sus hermanos y hermanas no escapan. Solo esto significa que esta alma en particular no estaba sujeta a esa debilidad física sino que tenía otra Características en común con esa familia. Jane, cuyo problema es la inestabilidad emocional, aterriza en un De la misma manera, una familia bastante histérica, y esto también le proporciona el material justo para comprendiendo y superando su propia debilidad, si ella quiere. Thomas tiene ciertas lecciones que aprender que requieren las luchas y dificultades que los humildes la gente del mundo tiene que encontrarse, mientras que William, que ya ha superado esto, nace en circunstancias fáciles y cómodas; sin embargo, tenga en cuenta que ahora tiene que aprender a manejar estos condiciones, y esta puede ser una lección más difícil que la de Thomas. También William, aunque él es. ahora en circunstancias ricas, algún día puede renacer tan pobre como Thomas si no lo hace de esta manera. La vida hace buen uso de la prosperidad que es suya. La posición social y el aprendizaje humano no tienen importancia en sí mismos, excepto en la medida en que proporcionan Oportunidades para el crecimiento en la sabiduría del alma. Ellos van y vienen a lo largo de la larga vida enDe acuerdo con la necesidad del día. El simple trabajador de hoy puede haber sido un Príncipe en el pasado, tal vez un príncipe que llevaba una vida buena y útil en su propia esfera, pero Necesitaba ciertas lecciones que solo deben aprenderse entre el rango y el archivo y, por cierto, él Bien podría ser un hombre mucho más feliz ahora. El príncipe reinante de hoy puede que ayer haya sido un pobre. Pescador que calificó en ese personaje para un papel más importante en la etapa de la vida. Nunca debemos tratar de medir los valores eternos por los estándares del paso del tiempo. Así que tú mismo eres tu propio ancestros, y en algún momento u otro, usted ha producido su propio carácter personal; y todo tu Las condiciones externas surgen de eso. Así que vemos lo absurdo que es para las personas, como suelen ser, estúpidamente orgullosas o Tontamente avergonzados de sus padres o de su hogar. Bien podemos estar orgullosos del crecimiento espiritual, y especialmente de cualquier progreso rápido que podamos hacer, pero las condiciones externas son en sí mismas de sin importancia Podemos estar sabiamente orgullosos de haber tenido padres dignos, por supuesto, porque prueba que debe haber valido en nosotros haber merecido tener padres así. Y es para nosotros Velar por que les hagamos crédito. La reencarnación explica a la vez las diferencias en talentos que encontramos entre una persona y otra, tal como explica todas las demás diferencias. ¿Por qué un hombre tiene una aptitud especial para la música, otra para la ingeniería, y una tercera para la agricultura, mientras que muchos parecen no tener ninguna aptitud en absoluto: las diferencias en talento, como las diferencias en oportunidades, son el resultado de nuestras actividades en otras vidas. El músico nacido es una persona que ha estudiado música en una vida anterior, tal vez en Varias vidas, y por lo tanto ha construido esa facultad en su alma.

Son un músico talentoso hoy. porque están cosechando lo que sembraron ayer. Incluso puede ser que en vidas anteriores, Las circunstancias, a pesar de todo lo que podían hacer, eran demasiado adversas para permitir que realmente estudiando musica pero en ese caso deben haber tenido un deseo constante y continuo de hacerlo, yEl deseo persistente ha traído por fin su cumplimiento. Los niños prodigios son siempre almas que han adquirido su habilidad en una vida anterior; y es Es notable la frecuencia con que estos niños nacen en circunstancias favorables para su talento. El niño El violinista a menudo tiene un padre con gustos musicales que pone un violín en sus manos lo antes posible. momento posible El talentoso actor infantil o actriz aparece en una familia teatral, o nace justo en La puerta de hollywood. Una comprensión de la reencarnación no solo resuelve la mayoría de los enigmas de la vida, sino que también sirve como un post-signo. Para todo tipo de cuestiones de política. Constantemente nos proporciona orientación para la realización de La vida social y política. En cuanto a la vida privada de uno, cambia por completo la perspectiva del conjunto. cosa. Es el remedio soberano para la depresión y el desaliento y el arrepentimiento. Es el evangelio de Libertad y esperanza. Nos hace darnos cuenta de que no hay error que no pueda ser reparado, que es nunca es tarde, y que nada bueno está fuera del alcance de la inteligencia, el trabajo y la oración. Muestra Todos nosotros, un futuro en el que no hay límite para las cosas gloriosas que podemos ser y hacer. Una comprensión profunda de esta doctrina probablemente hará más que nada para mejorar el caracter de uno Por ejemplo, inevitablemente nos hace más tolerantes. No podemos sino ser más misericordiosos hacia otras personas cuando nos disgustan si nos damos cuenta de que en gran medida están trabajando Dificultades personales que hicieron en el pasado. Podemos darnos cuenta también de que ningún hombre puede actuar "fuera de carácter, "y, como la mala conducta o una mala disposición inevitablemente trae su propio castigo, hay No hay razón real para estar molesto. Cuando las personas actúan mal hacia nosotros, generalmente pensamos que sabemos. mejor, y ahora nos daremos cuenta de que si esto es así, no debemos tomar represalias en especie. Alguien dijo, "Cuando un perro te muerde, no muerdes al perro para que se niegue", y hay una gran lección moral en esta. Vea la Presencia de Dios en el delincuente, y olvídese de ellos. Por supuesto, esto no significa que permitiremos que nos impongan de cualquier manera, pero ya no estaremos tentados a considerar Con resentimiento. En general, una comprensión de la reencarnación nos llevará a hacer todo lo posible para Facilita el camino de los demás para facilitar su evolución personal y la de la raza. En nuestro En nuestras propias vidas, aprovecharemos al máximo los talentos que poseamos sin que suspiremos por el Imposible o huir de lo inevitable. Afrontaremos con valentía nuestras dificultades, Sabiendo que no hay problema sin una solución y que huir es posponer el día de cálculo. En política, las implicaciones de la reencarnación son inconfundibles. El mejor sistema político es el Sistema que dará la mayor libertad personal al individuo. Cada uno de nosotros debe ser libre de elaboren su destino con el menor obstáculo posible desde el exterior.

Cada uno debe tener cada posible oportunidad de ejercer las cualidades de iniciativa, confianza en sí mismo, ingenio y valor. Y estas cualidades solo pueden ser desarrolladas donde el individuo es libre. Cada debe tener la posibilidad de cometer errores y aprender de ellos. Cada uno debe ser capaz de cosechar el fruto de su esfuerzos propios y aquellos que por una razón u otra no harán un esfuerzo, deben darse cuenta de que Hay que renunciar a la fruta. Ningún sistema político debe poner una prima sobre la ociosidad o la ineficiencia, o estupidez. Todos los incentivos deben dirigirse a fomentar la inteligencia y la industria. El Estado, por supuesto, debe concebirse como existente para el beneficio y la protección de la individual; nunca debe suponerse que el individuo existe por el bien del Estado. Sobre el En conjunto, podemos decir que cuanto menos interfiere un gobierno en la vida del ciudadano privado, mejor Será para todos los interesados. Bajo la compulsión de la fuerza, el individuo puede realmente comportarse muy correctamente, porque están obligados a hacerlo, pero porque este comportamiento no surge de su propia deseo e iniciativa, no hace ninguna mejora permanente en su carácter, y por lo tanto hacen no evolucionar Así como todos los eventos de su vida actual se registran en los estratos más cercanos de la mente subsconsciente, por lo tanto, todos los eventos de tus encarnaciones pasadas se registran en estratos mucho más profundos debajo de eso. Estas, sin embargo, no son accesibles excepto en circunstancias muy excepcionales por razones ya dadas. Sin embargo, están ahí y te ayudan a convertirte en lo que eres hoy. La reencarnación asegura que obtengas todo tipo de experiencia al jugar todo tipo de roles en la gran drama humano Y por esta razón, las almas usualmente cambian su nacionalidad cada vez que se encarnan Porque las diferentes naciones ofrecen diferentes oportunidades para el desarrollo. La raza latina permite ciertas oportunidades para no ser encontradas en la raza teutónica, por ejemplo, y la raza teutónica proporciona condiciones que no se encuentran entre los latinos. De la misma manera, el viejo mundo de Europa presenta un entorno que no se encuentra en los nuevos países, y en el Nuevo Mundo tenemos oportunidades, y también, por supuesto, problemas, que las personas en Europa no están obligadas a cumplir. Nosotros Ya he visto que las circunstancias en que nace un alma son los resultados naturales de su conducta previa, pero esta es solo otra manera de decir que estas circunstancias proporcionarán El material que necesitan para un mayor desarrollo si se aprovechan de ellos. Aquí puede ser bueno emitir una palabra de advertencia. Hay personas que hacen el ridículo. sobre la reencarnación. Esto es solo lo que se espera porque toda gran verdad universal seguramente será mal entendido o mal aplicado por algunas personas. Un tonto arrebatará cualquier pieza de conocimiento a su Confusión propia, no importa lo que sea. Todas las grandes verdades de la religión y la filosofía han sido Caricaturizados por mentes inmaduras de vez en cuando, por lo que a veces encontramos obviamente almas subdesarrolladas que afirman ser reencarnaciones de algunas de las figuras más distinguidas en historia. Supongo que todos hemos conocido a la persona de mentalidad débil que era Shakespeare o Napoleón. en sus días menos desarrollados.

Y las reencarnaciones autodenominadas de Cleopatra y Juana de Arco adornan a muchos Pequeñas fiestas de té en todo el país hoy en día, y aburren a la gente con sus tonterías. Por supuesto, todo esto no significa nada, excepto que los tontos están encontrando una oportunidad más para ser tontos. Las personas que realmente pueden recordar vidas anteriores son excesivamente reticentes con respecto a cualquier referencia a ellos La reencarnación es verdadera y, no obstante, porque a veces se la malinterpreta. A medida que piensa en la verdad de la reencarnación y gradualmente la asimila, para una adecuada darse cuenta de lo que realmente significa esta gran verdad no debe obtenerse en un día o dos; asombrado por la cantidad de problemas insolubles que se aclaran. Los principales problemas de la vida se explica lógica y satisfactoriamente por la reencarnación, y todo tipo de dificultades menores los cuales te han desconcertado de vez en cuando también caen fácilmente en su lugar cuando el gran esquema de las cosas se entienden Consideremos el problema del auge y caída de las naciones, por ejemplo. A lo largo de las naciones de la historia y los imperios se han convertido en prominencia y poder, han florecido durante un tiempo y luego gradualmente deteriorado. Pero, ¿por qué debería ser así? Los historiadores han descrito el proceso, pero las razones Para ello los ha desconcertado por completo. El imperio romano es un excelente ejemplo. Por qué el Imperio romano "declinar y caer"? Los historiadores ortodoxos no tienen la menor idea. Ellos describen El hecho, pero no puede explicarlo. Los godos y los vándalos pudieron destruirlo, pero ¿por qué? Y por qué no varias generaciones tarde o temprano? Nadie que no entienda la Reencarnación lo sabe. Varias razones de la caída de Roma que se presentaron en el pasado se consideran hoy como absurdo (algunas personas en la Edad Media estaban convencidas de que la caída de Roma se debía a la El hábito romano antinatural de bañarse constantemente, especialmente en agua caliente!) y los expertos permanecen desconcertado. La moda de hoy es hacer que las condiciones económicas sean responsables de todo, pero esto es confundir. Causa con efecto, poner el carro delante del caballo, porque las condiciones económicas no producen. mentalidad del hombre; Es la mentalidad humana la que produce el entorno económico. los La concepción materialista de la historia * es una superstición más en su camino hacia el cenicero. (Los indiosVivimos en el mismo entorno material que nosotros, pero nuestras condiciones de vida son completamente diferentes. de ellos porque nuestras mentalidades son completamente diferentes.) La verdadera causa tanto del ascenso como del descenso. de Roma, fue este: durante varios cientos de años las almas avanzadas y capaces reencarnaron en el Nación romana porque ese grupo proporcionó la mejor oportunidad para su desarrollo posterior, y Para el desarrollo de la carrera. Siendo el tipo de personas que eran, construyeron y organizaron ese gran Estado mundial, haciendo un trabajo para la humanidad sin igual en importancia y haciendo un gran progresar ellos mismos. Luego, habiendo trabajado en esta fase, pasaron a otras actividades, y una Grado inferior de las almas encarnadas en la nación romana, y ella declinó

gradualmente. Esa es la verdad Y una simple explicación. *
Karl Marx Muchos de nosotros hemos visto un proceso
similar en el trabajo a pequeña escala. Un capaz y enérgico.
La persona pasa su vida construyendo un negocio exitoso.
Entonces, su trabajo hecho, pasan, y son sucedidos por su
hijo, o alguien más, una persona de talentos mediocres o de
carácter débil, y de inmediato el negocio comienza a ir
cuesta abajo, terminando finalmente en la corte de
bancarrota. Uno de diez ve el mismo proceso en relación
con un club social o político u otra organización. Es formado
y hecho exitoso por unos pocos individuos capaces, y luego
por una u otra razón ellos Abandonar gradualmente y, al ser
sucedido por personas inferiores, la empresa fracasa
gradualmente. Esto, una vez más, es la explicación de la
decadencia de la Grecia clásica. "La gloria que fue Grecia"
precedió a "la grandeza que era Roma" en el olvido porque
las almas gloriosas que hicieron a Grecia los gloriosos
siguieron adelante, y fueron seguidos por almas mucho más
jóvenes y menos desarrolladas. Por supuesto Esto
realmente no fue una tragedia. No habría ningún punto
racial o individual en aquellos griegos que iban en hacer las
mismas cosas una y otra vez. Pasaron a aprender nuevas y
diferentes lecciones, y sus sucesores obtuvieron la
oportunidad de tomar, lo que era para ellos, el siguiente
paso. por Por ejemplo, Praxiteles habiendo aprendido tan
bien la lección de expresión artística, puede haber
reaparecido. Cientos de años más tarde para aprender las
lecciones inherentes a la vida de un granjero o un marinero
o un comerciante. Del mismo modo que lo similar atrae a lo
similar, así como lo similar produce . Esto es lo que se llama

una Ley Cósmica, que significaque es universalmente cierto a lo largo de toda la existencia, no solo a lo largo de toda la física universo, pero a través de los planos superiores al Corazón de Dios mismo. Siempre como produce como. Como lo dijo Jesús, no recolectas uvas de espinas o higos de cardos; y el Dicho también, por sus frutos los conoceréis . * Así es con nuestros pensamientos y palabras y hechos. Como nosotros sembramos, cosechamos. Cuando sembramos el bien, cosechamos el bien, y cuando sembramos el mal, cosechamos problemas y sufrimiento. Cuando sembramos un poco de bien, cosechamos un poco de bien; y cuando sembramos mucho bien, Cosechamos mucho bien. Cuando sembramos un poco de mal, cosechamos un poco de sufrimiento; y cuando nosotros Siembramos mucho mal, cosechamos mucho sufrimiento. Esta es la gran Ley de Causa y Efecto, y es sorprendente que la gente parece entenderlo tan poco como lo hacen. Nadie espera siembra una planta en el suelo y cosecha otra. Nadie espera mezclar cobre y estaño juntos y conseguir acero Nadie espera poner manzanas y masa en el horno y sacar la tarta de calabaza; pero en el región menos tangible de hechos y eventos, casi todo el mundo parece pensar a veces que realmente Puede sembrar una cosa y cosechar otra. Sin embargo, la verdad es que a medida que sembramos, cosecharemos, a veces casi inmediatamente, a veces después de un largo, largo intervalo; Pero siempre, tarde o temprano, como produce como. * Lea Mateo 7: 15-20; Lucas 6: 43-45. En el Este, esta ley de causa y efecto se conoce como Karma y el término es conveniente. Pero como sea que decidamos llamarlo, la ley de la naturaleza sigue en pie, que a medida que sembremos, cosecharemos. Como nosotros visto, las condiciones en las que naciste en esta vida son el resultado de la forma en que Usted ha vivido en vidas anteriores, y sus circunstancias actuales son el resultado de su vida hasta el presente. Por lo tanto, naturalmente se deduce que puedes ser feliz y estar bien en el futuro si lo deseas. comience ahora a tratar de estar a la altura de lo que sabe, y aproveche cada oportunidad para ayudar y Servir a los demás de cualquier manera que pueda estar abierta para usted. No importa qué errores haya cometido en el pasado o qué oportunidades ha desperdiciado, usted puede sobrepasarlos a todos ahora; porque tu futuro se extiende hasta el infinito y nunca es demasiado tarde con Dios. Si tienes mala conciencia sobre algo, no importa cuánto mal hayas sembrado, puedes se libre. Cese la conducta equivocada, haga cualquier reparación, si es posible, haga su paz. con Dios, y luego dale la espalda al pasado y nunca vuelvas a pensar en ello. Recuerda que para albergar inútiles arrepentimientos es remordimiento en lugar de arrepentimiento, y remordimiento es un pecado. Note muy cuidadosamente que el karma no es un castigo. Si tocas una estufa al rojo vivo, quemarás tu dedo. Esto te hará daño, y quizás te incapacite por unos días, pero no es un castigo, Solo una consecuencia natural. Sin embargo, es una cosa benigna y reformadora, porque después de una o dos Tales experiencias en la infancia, aprendes a mantener tus dedos alejados del hierro caliente. Si esa estufa hiciera sin lastimarte, algún día te quemarías toda la mano antes de descubrir tu pérdida. Así ocurre con toda retribución natural: sufres porque tienes una lección que aprender, pero cuando el La lección se aprende, las malas consecuencias cesan, porque la naturaleza nunca es vengativa. Karma, ahora verás, lejos de ser un castigo, es realmente la oportunidad perfecta que La naturaleza siempre amable nos permite adquirir solo el conocimiento y la experiencia que necesitamos. Humano los seres se castigan entre sí, los adultos castigan a los niños y la sociedad castiga a los delincuentes; pero aunque rara vez lo sospechamos, estos castigos son infligidos principalmente por un deseo de venganza, "para obtener Incluso "con el culpable de la molestia que han causado, a pesar de que lo racionalizamos en varios formas. La naturaleza nunca castiga; ella enseña. Es desafortunado que algunas personas hablen tanto sobre el "mal karma". Para empezar, has visto ahora que ningún Karma es malo en absoluto, y, además, esas personas están habitando exclusivamente en el sufrimiento eso sigue a la conducta incorrecta, e ignorando la felicidad que sigue a la buena conducta. Es sólo tanto la Ley del Karma que todo lo bueno, amable y sabio que alguna vez has dicho o hecho tiene Te trajo fruto de su propia especie y lo seguirás haciendo. Especialmente cada momento en tu vida. que haya pasado en oración o meditación continuará bendiciéndolo y enriqueciéndolo hasta el final de los tiempos. Aquí deseo dejar lo más claro posible que no hay nada fatalista en la Ley de Karma. Tienes libre albedrío, no omnipotencia, sino siempre una elección dentro de límites razonables, y Siempre puedes elegir lo más alto o lo más bajo. La Ley del Karma enseña que al hacer el mejor uso de los talentos o ventajas que tenemos, aunque sean pequeños, ganaremos talentos y oportunidades aún mayores. * Por otro lado,Si descuidamos hacer el mejor uso de nuestros talentos y oportunidades, perderemos incluso lo que tener. El hombre sano que descuida su salud la perderá. El hombre con un don musical que nunca. Las prácticas de su música encontrarán algún día que su don se haya atrofiado. El rico que atesora a su dinero o lo gasta todo de manera egoísta en sí mismo, en lugar de usarlo para hacer el bien a los demás, o bien perderá su dinero en esta vida o de lo contrario nacerá en la pobreza la próxima vez. Dios le dio ese talento y él. "Lo entierra en una servilleta". La mayoría de los problemas en nuestras vidas no son causados por el Karma sino por la falta de sabiduría en el presente. Las condiciones en las que comenzaste tu vida eran kármicas, pero tu experiencia diaria está hecha. por ti mismo a medida que avanzas. * Jesús enseña esto en Mateo 25: 15-30, Es un error común que las personas se comporten de manera imprudente, y luego se quejen de sus dificultades y se acuesten. La culpa del karma. "Debo haber sido un terrible pecador en mi última vida", dirá una persona, "mi las condiciones son tan miserables ahora ". Y, sin embargo, nueve veces de cada diez, sus miserias no tienen nada que hacer con Karma, pero son causadas únicamente por el mal juicio ahora. Conocí a un estudiante de esta asignatura que Hablaba constantemente de esta manera. Era el propietario de una pequeña empresa que estaba fracasando constantemente, y estaba rodeado de deudas y otras vergüenzas. Estaba lleno de autocompasión y lo haría. ensanche sus preocupaciones y diga cuán terrible pecador debe haber sido en su última vida para ser

"Castigado" de esta manera. Ahora bien, el hecho era que, como bien sabían algunos de sus amigos, no tenía ni idea de administrar un negocio correctamente Su tienda parecía descuidada, y la calidad de sus productos era inferior a que se puede obtener en otro lugar al mismo precio. Estaba constantemente agotado de las más comunes. cosas que los clientes solicitarían, y él estaba constantemente prestando dinero a un alto interés para adelantar otras deudas. Obviamente, todo esto no tiene nada que ver con el Karma. Su Karma, en la medida de lo posible. fue bueno, porque le había dado un negocio propio en el que muchas personas tendrían Hizo un gran éxito. Su problema era el mal juicio y, hasta cierto punto, la pereza. Dos o tres de sus amigos que se dieron cuenta de estos hechos y se cansaron de sus quejas, una vez hicieron un esfuerzo por presentar La verdad lo recibió por su propio bien, pero sus esfuerzos no fueron bien recibidos, y él no pudo O no se enfrentaría a la verdad. El éxito en su vida actual requiere buen juicio, industria y el conocimiento que usted es realmente la expresión del Dios viviente; y ningún éxito estable se puede lograr sin estos cosas. Finalmente, y quizás este es el punto más importante de todos, no tiene que aceptar ningún conjunto de Condiciones o cualquier tipo de Karma si te elevas por encima de él en la conciencia. Cualquier dificultad, cualquier Dilema, puede ser superado por la oración de todo corazón. Una dificultad dada solo puede confrontarte en Su propio nivel. Sube por encima de ese nivel a través de la oración y la meditación y la dificultad se derretirá lejos. Usted no tiene que, como piensan tantas personas, tener que sentarse y comer su Karma tan bien gracia como sea posible, si puedes elevarte por encima de esa situación en la conciencia. En su propio nivel tienes aceptarlo, no puedes transmutarlo allí. Pero elevarse por encima de cualquier prueba en la conciencia y usted será libre de ello, porque el Cristo es el Señor del Karma. * * Ver mi libro The Sermon on the Mount, Capítulo seis, y Capítulo 21 de este libro - ¿Qué es científico? ¿Oración? Nuestro nacimiento no es más que un sueño y un olvido. El Alma que se eleva con nosotros, nuestra Estrella de la Vida, Ha tenido en otro lugar su entorno, Y viene de lejos; No en todo olvido, Y no en la desnudez absoluta, Pero viniendo las nubes de la gloria venimos De Dios, que es nuestro hogar. —Wordsworth

Capítulo 23 - SIEMBRA Y REAPAS

Todo lo que el hombre sembrare, eso también segará. No hay tal cosa como la suerte. Nunca pasa nada por casualidad. Todo, bueno o malo, eso. entra en tu vida está ahí como resultado de una ley invariable e ineludible. Y el único operador de Esa ley no es otra que tú . Nadie más te ha hecho ningún daño de ningún tipo, ni nuncaPodrían hacerlo, por mucho que parezca que lo hicieron. Conscientemente o inconscientemente tienes usted mismo en algún momento u otro produjo todas las condiciones deseables o indeseables que encuentre en ya sea su salud corporal o sus circunstancias hoy. Tú, y solo tú, ordenaste esos bienes; y ahora están siendo entregados. Y mientras sigas pensando mal de ti mismo y Sobre la vida, el mismo tipo de dificultades continuarán acosándote. Porque cada semilla debe inevitablemente producir según su propia especie, y el pensamiento es la semilla del destino .Sin embargo, hay una manera simple de salir de problemas. Aprenda a pensar correctamente en lugar de hacerlo incorrectamente, y las condiciones de una vez comienzan a mejorar hasta tarde o temprano, todas las enfermedades, la pobreza y la falta de armonía debe desaparecer Tal es la ley. La vida no necesita ser una batalla; Puede, y debe ser una mística gloriosa. aventuras; Pero vivir es una ciencia. Esta es una forma de afirmar la Gran Ley. Léalo y vuelva a leerlo a intervalos regulares, y lo hará Inevitablemente cambia tu visión de la vida.

Capítulo 24 - ¿QUÉ ES LA ORACIÓN CIENTÍFICA?

La oración científica o el tratamiento espiritual es realmente el levantamiento de su conciencia por encima del nivel donde has encontrado tu problema Si solo puede elevarse lo suficientemente en pensamiento, el problema será entonces resuélvete solo. Ese es realmente el único problema que tienes: aumentar tu conciencia. Cuanto mas "difícil", lo que significa que cuanto más profundamente arraigado esté en su pensamiento, es el problema en cuestión, el más alto tendrás que subir. Lo que se llama un pequeño problema, dará lugar a un ligero aumento en conciencia. Lo que se llama una dificultad seria, requerirá un aumento relativamente mayor. Que es llamado peligro terrible o problema sin esperanza, requerirá un aumento considerable de la conciencia para superarlo, pero esa es la única diferencia. No pierda el tiempo tratando de resolver sus problemas o los de otras personas manipulando pensamiento que no te lleva a ninguna parte, pero eleva tu conciencia y la acción de Dios hará lo descanso. Jesús sanó a los enfermos y reformó a muchos pecadores elevando su conciencia por encima de la imagen. ellos presentaron Él controlaba los vientos y las olas de la misma manera. Él resucitó a los muertos porque fue capaz de alcanzar la conciencia tan alta como es necesario para hacer esto. Para elevar su conciencia, debe retirar positivamente su atención de la imagen para el siendo el tiempo (La Llave Dorada), y luego concéntrate gentilmente en la Verdad espiritual. Puedes hacer esto Leyendo la Biblia o cualquier libro espiritual que te atraiga, repasando cualquier himno o poema. Eso te ayuda de esta manera, o mediante el uso de una o más afirmaciones, como más te guste. Conozco a muchas personas que han asegurado la elevación necesaria de la conciencia al navegar en Al azar a través de la Biblia. Un hombre que conozco se salvó en un terrible naufragio al leer en silencio el Salmo noventa y uno. Otro hombre se curó a sí mismo de una enfermedad supuestamente sin esperanza al trabajar en la única afirmación, "Dios es amor", hasta que pudo darse cuenta de algo de lo que el más grande de todas las declaraciones deben significar realmente Si trabajas con afirmaciones, ten cuidado de no ponerte tenso; Pero no hay razón por la que debas No emplees todos estos métodos a su vez, y también otros que puedas imaginar. A veces una charla con una persona espiritual te da el sustento que necesitas. No importa cómo te eleves mientras te levantas "Te desnudé sobre las alas de las águilas y te llevé a Mí mismo"

Capítulo 25 - LA PRESENCIA

DIOS es la única Presencia y el único Poder. Dios está plenamente presente aquí conmigo, ahora. Dios es el Sólo Presencia real, todo lo demás no es más que sombra. Dios es perfecto Bien, y Dios es la causa única de perfecto bien Dios nunca envía enfermedades, problemas, accidentes, tentaciones, ni la muerte misma; ni lo hace autoriza estas cosas Los traemos sobre nosotros mismos por nuestro propio pensamiento equivocado. Dios, bien, puede solo causa buena La misma fuente no puede enviar agua dulce y amarga. Soy Espíritu Divino. Soy el hijo de Dios. En Dios vivo y me muevo y tengo mi ser; así que no tengo temor. Estoy rodeado de la paz de Dios y todo está bien. No le tengo miedo a la gente; no tengo miedo de cosas; No tengo miedo de las circunstancias; No me tengo miedo; porque Dios está conmigo. los La paz de Dios llena mi alma, y no tengo miedo. Moro en la Presencia de Dios, y ningún temor puede tócame No tengo miedo del pasado; No tengo miedo del presente; No tengo miedo por el futuro; porque Dios está conmigo. El Dios Eterno es mi morada y debajo están los brazos eternos. Nada puede tocarme, excepto la acción directa de Dios mismo y Dios es amor. Dios es vida; Entiendo eso y lo expreso. Dios es la verdad; Entiendo eso y lo expreso. Dios es el amor divino; Entiendo eso y lo expreso. Envio pensamientos de amor y paz y sanacion. a todo el universo: a todos los árboles y plantas y cosas en crecimiento, a todas las bestias y aves y peces, ya cada hombre, mujer y niño en la tierra, sin distinción alguna. Si alguien se ha lesionado alguna vez. yo o me hice algún tipo de daño, los perdono total y libremente ahora, y la cosa se hace con Siempre. Los suelto y los dejo ir. Soy libre y ellos son libres. Si hay alguna carga de El resentimiento en mí lo arrojo sobre el Cristo interior, y me libero. Dios es sabiduría infinita, y esa sabiduría es mía. Esa sabiduría me guía y me guía; entonces yo deberé no cometer errores Cristo en mí es una lámpara a mis pies. Dios es vida infinita, y esa vida es mi suministro; así que no me faltará nada. Dios me creó y me sostiene. El amor divino ha previsto Todo, y provisto para todo. Una mente, un poder, un principio. Un dios uno La ley, un elemento. Más cerca está Él que la respiración, más cerca que las manos y los pies. Soy el Espíritu Divino, el Hijo de Dios, y en la Presencia de Dios moro por siempre. Doy gracias a dios por Armonia perfecta.

Capítulo 26 - LA PALABRA DEL PODER

ORAR regularmente por la capacidad de orar de la manera correcta: Yo soy el Espíritu Divino. En dios vivo, y Muévete, y ten mi ser. Soy parte de la autoexpresión de Dios, y por eso expreso perfecto. armonía. Yo individualizo la omnisciencia. Tengo conocimiento directo de la verdad. Tengo perfecta intuición. yo tener percepción espiritual. Lo sé. Dios es mi sabiduría; así que no puedo errar. Dios es mi inteligencia; asique Siempre estoy pensando correctamente. No hay pérdida de tiempo, porque Dios es el único Hacedor. Dios trabaja a través de mí; así que siempre estoy trabajando correctamente, y no hay peligro de que ore mal. Yo creo que Lo correcto, de la manera correcta, en el momento adecuado. Mi trabajo siempre está bien hecho, porque mi trabajo es La obra de dios El Espíritu Santo me inspira continuamente. Mis pensamientos son frescos, y nuevos, y Claro, y poderoso con el poder de la omnipotencia. Mis oraciones son la obra del Santo. Fantasma: poderoso como el águila y suave como la paloma. Salen en nombre de Dios mismo, y no pueden volver a mí vacío. Cumplirán lo que me plazca, y prosperarán en el Cosa a la que los envío. Agradezco a Dios por esto. El Espíritu Santo, a quien el Padre enviará en mi nombre, te enseñará todas las cosas. —Juan 14:26.Y todo lo que pidáis en mi nombre, eso haré. —Juan 14:13.Si permaneces en mí, y mis palabras permanecen en ti, preguntarás qué quieres, y se hará para tú .— Juan 15: 7.Pide, y recibirás, que tu gozo sea pleno. —Juan 16:24.

Capítulo 27 - BENDICION Y CURACIÓN

La vida es un reflejo de los estados mentales. En lo que a usted respecta, el personaje que las cosas llevarán Será el personaje que primero les imprimas. Bendice una cosa y te bendecirá. Maldecirlo y te maldecirá. Si pones tu condena sobre algo en la vida, te devolverá el golpe. y lastimarte. Si bendice cualquier situación, no tiene poder para lastimarlo, e incluso si es molesto por un tiempo, se desvanecerá gradualmente, si lo bendice sinceramente. Se nos dice, recuerden, que cualquiera que sea el nombre que Adam le dio a un animal, ese era su nombre; y Por supuesto que sabes que el nombre de una cosa significa su carácter. Adán dijo a un animal: "Tú es un tigre, feroz ", y así fue. A otro le dijo:" Eres una gacela, amable y amable ", y y asi fue. Ahora, Adam es Everyman, y hasta que aprendemos a dar buenos nombres, a "bautizar". Todo, tendremos enemigos de varios tipos con los que lidiar. Bendice tu cuerpo Si hay algún problema con un órgano en particular, bendícelo. (Por supuesto, debes bendecir al órgano y no a la enfermedad. Bendice tu hogar. Bendice tu negocio. Bendice tu asociados Convierte a tus enemigos en amigos al bendecirlos. Bendice el clima. Bendice al La ciudad, y el estado, y el país. Bendice una cosa y te bendecirá. Así será mi palabra la que saldrá de mi boca; no volverá a mí vacía, sino que cumple lo que me plazca, y prosperará en la cosa a la que lo envié (Isaías 55: 11).Pero hablamos la sabiduría de Dios en un misterio, incluso la sabiduría oculta, que Dios ordenó antes El mundo para nuestra gloria . — I Corintios, 2: 7.No temas ni desmayes por esta gran multitud; porque la batalla no es tuya, sino de Dios. . . . No necesitarán pelear esta batalla: prepárense, permanezcan quietos y vean la salvación de los Señor contigo, oh Judá y Jerusalén: no temas, ni desmayes; Mañana salid contra ellos. porque el Señor estará contigo . - II Crónicas 20:15, 17.Dejen que los impíos abandonen su camino, y el injusto sus pensamientos, y que vuelva a la tierra. Señor, y él tendrá misericordia de él; ya nuestro Dios, porque él perdonará abundantemente . Isaías55: 7.

Capítulo 28 - LA PUERTA DE ORO

Dios es amor, y el que mora en amor, mora en Dios y Dios en él. El amor es, con mucho, lo más importante de todos. Es la Puerta de Oro del Paraíso. Reza por el Comprender el amor, y meditarlo diariamente. Echa fuera el miedo. Es el cumplimiento de la ley. Eso cubre una multitud de pecados. El amor es absolutamente invencible. No hay dificultad que suficiente amor no conquistará; ninguna enfermedad que el amor suficiente no sanará; no hay puerta que no pueda abrir suficiente amor; no hay golfo que no pueda unir suficiente amor; ninguna pared que suficiente amor no se derrumbará; No hay pecado que suficiente amor no pueda redimir. No importa cuán profundamente sentado pueda estar el problema, cuán desesperada sea la perspectiva, cómo confuso el enredo, cuán grande es el error; Una realización suficiente del amor lo disolverá todo. Si solo si pudieras amar lo suficiente, serías el ser más feliz y poderoso del mundo. Las dos llaves del infierno son la condenación y el resentimiento. Estos pueden ser destruidos permanentemente por Un tratamiento como el anterior. JESÚS DIJO: Un mandamiento nuevo os doy: Que os améis unos a otros; como te he amado . . . Por esto sabrán todos los hombres que sois mis discípulos, si os amáis los unos a los otros. -Juan 13:34, 35. Dios es amor; y el que mora en el amor, mora en Dios, y Dios en él (I Juan 4:16). No hay miedo en el amor; pero el amor perfecto echa fuera el temor; porque el temor tiene tormento. El que El temor no se hace perfecto en el amor (I Juan 4:18).Amados, amémonos unos a otros: porque el amor es de Dios; y todo el que ama, es nacido de Dios, y conoce a dios El que no ama, no conoce a Dios; porque Dios es amor. —I Juan 4:17.Porque este es el mensaje que escucharon desde el principio, que debemos amarnos unos a otros. —1 Juan3:11. Lo amamos, porque él nos amó primero. —I Juan 4:19.

Capítulo 29 - TRATAMIENTO PARA EL AMOR DIVINO

MI ALMA está llena de Amor Divino. Estoy rodeado de Amor Divino. Yo irradio amor y paz a todo el mundo. Tengo amor divino consciente. Dios es amor, y no hay nada en la existencia. pero Dios y su autoexpresión. Todas las personas son expresiones del Amor Divino; por lo tanto, puedo cumplir Con nada más que las expresiones del Amor Divino. Nada tiene lugar excepto la autoexpresión. del amor divino. Todo esto es verdad ahora. Este es el caso real, el estado real de las cosas. No tengo que tratar de traer De esto se trata, pero ya lo observo en el ser ahora. El amor divino es la naturaleza real del ser. Ahí Es solo el Amor Divino, y yo sé esto. Entiendo perfectamente lo que es el Amor Divino. Tengo realización consciente del Amor Divino. El amor De Dios arde en mí por toda la humanidad. Soy una lámpara de Dios, irradiando Amor Divino a todos los que Encuentro, a todos los que pienso. Perdono todo lo que pueda necesitar perdón, positivamente todo. El amor divino se llena Mi corazón, y todo está bien. Ahora irradio Amor a todo el universo, sin excluir a nadie. Yo experimento Amor divino. Demuestro el Amor Divino. Agradezco a Dios por esto.

Capítulo 30 - Dios en los negocios.

Una GRAN proporción de lo que se llama problemas de negocios realmente consiste en negociar con otros gente. Todo vendedor, por supuesto, es una negociación entre el vendedor y el comprador Y La venta exitosa significa llevar esa negociación a una terminación satisfactoria para ambos fiestas. Ya sea que esté buscando un puesto para usted o que contrate a alguien más para que trabaje para usted, el El resultado final dependerá de la negociación. Quieres encontrar a la persona adecuada para llenar tu vacante o si desea participar en un puesto determinado que cree que sería adecuado para su Requisitos muy bien, y en cualquier caso, el resultado es una cuestión de negociación. Disputas y los malentendidos a menudo surgen entre dos empresas comerciales o entre una empresa y un cliente, y Aquí, nuevamente, las relaciones armoniosas en el futuro, lo que significa más negocios, dependerán de Cómo se llevan a cabo las negociaciones actuales. De hecho, se encontrará que cada relación en la vida depende de la capacidad de hacer armoniosa la integridad personal. Ajustes, que es la negociación. En asuntos tales como disputas familiares y personales, así como en aquellas cosas que generalmente se consideran en el rubro de negocios, el mismo principio será Se encontró que se aplica con una fuerza aún mayor si es posible. Ahora, el secreto de una negociación exitosa se puede poner en pocas palabras. Es esto: ver a Dios en ambos. lados de la mesa. Afirma que Dios está trabajando a través de ustedes, a través de ustedes mismos y a través dePersona con quien estás tratando. No busques por la fuerza de voluntad para conseguir tu propio camino, sino que afirmas que La voluntad de Dios en ese asunto particular se está haciendo. Recuerde que su propio camino puede no ser en absoluto bien por usted. Lo que quiere hoy puede resultar la próxima semana para ser una molestia o incluso una desgracia No intente abarcar a la otra persona, persuadirla contra su voluntad, o Aprovéchalos lo más posible de cualquier manera. Pero exponga su caso honestamente a lo mejor de su capacidad; haz solo lo que creas correcto; y sabe que Dios está viviendo y trabajando en tu vida. Entonces Si no haces esa venta, harás una mejor en su lugar. Si no consigues ese trabajo, lo harás. conseguir una mejor Si no hace el arreglo que buscó hoy, uno mejor lo hará. presentarse mañana Nunca te permitas estar tenso, tenso o ansioso. Dios nunca se apresura; El trabaja sin esfuerzo. Al tratar con el prójimo, ponga a Dios a ambos lados de la mesa, y el resultado será verdaderoÉxito para ambas partes.

Capítulo 31 - QUINCE PUNTOS YO SOY REALMENTE EN EL CAMINO:

SI siempre busco lo mejor en cada persona, situación y cosa. Si resueltamente doy la espalda al pasado, bueno o malo, y vivo solo en el presente y el futuro. Si perdono a todos sin excepción, no importa lo que hayan hecho; y si luego perdono Mí mismo de todo corazón. Si considero que mi trabajo es sagrado y hago el trabajo de mi día lo mejor que puedo (si me gusta) o no). Si tomo todos los medios para demostrar un cuerpo sano y un entorno armonioso para mí. Si me esfuerzo por hacer de mi vida el mayor servicio posible a los demás, sin interferir ni quejarse Si aprovecho cada oportunidad sabiamente para difundir el conocimiento de la Verdad a los demás. Si me abstengo rígidamente de las críticas personales, y ni hablo ni escucho chismes. Si dedico al menos un cuarto de hora al día a la oración y la meditación. Si leo por lo menos siete versos de la Biblia todos los días. Si específicamente reclamo comprensión espiritual para mí todos los días. Si me entreno para dar el primer pensamiento al despertar a Dios. Si hablo la Palabra para el mundo entero todos los días, por ejemplo, al mediodía. Si PRACTICO la Regla de Oro de Jesús en lugar de simplemente admirarla. Él dijo: "En lo que sea si los hombres te hicieran algo, hazlo así con ellos ". El punto importante sobre la regla de Oro es que debo practicarlo si la otra persona lo hace o no. Si, sobre todo, entiendo que lo que veo no es más que una imagen que se puede cambiar para mejor. por la oración científica. Si desea hacer una demostración, pregúntese una vez por semana qué tan lejos está observando estos puntos en su vida.

www.ingramcontent.com/pod-product-compliance
Lightning Source LLC
Chambersburg PA
CBHW060828170526
45158CB00001B/108